SOUFFRANCE AU TRAVAIL

Des îlots totalitaires en démocratie

Marie-Hélène Braudo

SOUFFRANCE AU TRAVAIL

Des îlots totalitaires en démocratie

L'Harmattan

5-7, rue de l'École-Polytechnique, 75005 Paris

www.harmattan.fr

ISBN : 978-2-343-21568-6
EAN : 9782343215686

Tous mes remerciements
à mes collègues de la Maison du Travail
pour leur collaboration

Le système totalitaire prouve qu'on peut créer l'enfer et le purgatoire.

Les pires perdent leur peur, les meilleurs leur espoir.
(H. Arendt)

Sommaire

PREMIÈRE PARTIE

Introduction

Nous surfons sur la crise plus que nous la gérons. Le monde du travail dans certains secteurs s'est organisé sous la forme de ce qu'un groupe humain crée plus vite que son ombre **: une organisation totalitaire.**

Dans ce qui apparaît aujourd'hui comme un phénomène sociétal, le « new management », maltraitant depuis quelques décennies, sur lequel s'appuient les secteurs touchés affecte tous les secteurs professionnels publics et privés, dont **:** entreprises, organisations humanitaires, mairies, ministères, grands corps d'Etat, secteurs publics ou ex-services publics (poste, transports, opérateurs téléphoniques, hôpitaux**...**). Bien sûr, si ce management pathogène a considérablement crû et embelli ces dernières décennies, il n'infiltre pas l'intégralité de la société.

En revanche, l'**omerta** qui couvre la maltraitance est socialement acceptée et concerne, elle, toute la société.
Elle pervertit ainsi les quelques lois péniblement promulguées et les rend donc quasi inefficaces. Ce, avec la complicité de presque de tous les corps concernés qui pourraient être actionnés : médecins, justice, sécurité sociale, médecine du travail, inspection du travail, syndicats, CHSCT….

Certains seront frappés (de plus en plus), et selon la formule de Marie Pezé, *tous ne mourront pas*. Mais tous devraient voir, entendre, comprendre et donc **agir**.

Nous avons utilisé principalement, pour la définition du totalitarisme appliqué au monde professionnel, le livre de Hannah Arendt, Tome III, collection « Essai sur les origines du totalitarisme », que nous transposons au monde actuel du travail.

I- Le système totalitaire et ses îlots dans le monde du travail

Concernant les items de tout **système totalitaire** Hannah Arendt décrit le développement d'une idéologie princeps :

- à partir d'une prémisse,
- se déroulant selon un mouvement incoercible et essentiel, par des mécanismes divers,
- créant un monde fictif basé sur un déni de réalité,
- dans une atmosphère de terreur,
- évoluant vers la destruction et la déshumanisation,
- dont l'utilité reste à discuter.

Dans le monde du travail, ce système fonctionne :

- comme un jeu vidéo, monde virtuel où les professionnels sont sommés de s'exécuter selon des règles prescrites sur un mode organisationnel décliné toujours de la même manière,
- dans une atmosphère de peur,
- sur fond d'un déni de réalité,
- en étant marqué par une organisation psychopathologique de type pervers.

Ce sont les items de cette structuration de type pervers dans les cas de maltraitance au travail que nous allons rattacher au mode d'organisation totalitaire décrite par Hannah Arendt.

1 - Le socle de base est l'idéologie

Chez les nazis, loi de la **race**, dans le système communiste, loi de la **classe sociale**. Au travail, celle du **chiffre**.

Loi du chiffre, qui n'est même pas celle de l'économie qui représenterait encore un accrochage dans la réalité. Le chiffre est ici utilisé comme signifiant absolu. Il n'est pas selon nous équivalent à une quelconque rentabilité, même si la notion de rentabilité existe. Il ne sert qu'à fournir un prétexte au développement de ce système qui fonctionne, comme le totalitarisme : **en soi**. C'est-à-dire, sans justification réelle autre que l'exercice d'un pouvoir de nuisance, selon les codes de ce système particulier.

En revanche, étant un objectif compréhensible, à défaut d'être acceptable, la rentabilité alléguée sert d'alibi dans ce monde mensonger.

N'étant plus incarné dans une réalité, le chiffre, comme la classe ou la race, devient **pur signifiant**. Il est décliné selon un développement de pure logique, avec sa loi propre sans nécessité de démonstration.

Comment fonctionne cette pure logique désincarnée ?

Pour H. Arendt, dans le totalitarisme « l'*idéologie explique le moindre évènement en* le déduisant d'une seule prémisse » [1]. Il est élaboré au niveau du discours une sorte

---

[1] Hannah ARENDT, *Le système totalitaire dans les origines du totalitarisme*, Point essai, 2005, p. 294.

« de philosophie scientifique traitant l'idée de base sans aucun substrat de réalité ».

En fait, le discours sur l'idée de chiffre n'a souvent pas grand-chose à voir avec l'économie réelle, ce d'autant plus que le chiffre comme indicateur est maintenant dématérialisé : « L'idéologie est la logique d'une idée »[2]. Dans le totalitarisme elle se développe « en soi » sans rapport avec les évènements.

La logique d'une idée n'est pas une idée logique : « Elle traite l'enchaînement des évolutions comme s'il obéissait à la même loi que l'exposition logique de son idée »[3]. « Le postulat est qu'une seule idée explique tout le déroulement à partir de la prémisse. Tout est compris dans cette progression cohérente de la pensée logique »[4].

Dans le monde du travail, le développement « logique » de la loi du chiffre impose d'en faire **toujours plus**, quel que soit le contexte. Ce chiffre désincarné est :

- absurdement concrétisé à l'instant T d'une courbe, si possible au plus bas, quand on veut montrer votre insuffisance professionnelle.
- absurdement décliné en nombre de tâches à remplir, de personnes à remplacer, mais toujours comme une valeur absolue et contraignante, qui devient un marqueur de votre qualification supposée.

En termes financiers, le chiffre est également martelé en injonctions sans aucune visibilité sur le péril

---

[2] *Ibid.*
[3] *Ibid.*, p.296.
[4] *Ibid.*, p.297.

réel annoncé par l'entreprise pour justifier la prescription du « toujours plus » demandé. La dictature du chiffre est renforcée par le traitement informatique des données : tableaux Excel, algorithmes, courbes en tous genres ou ressortant de valeurs absolues sans aucune relativisation possible, sans historicité, **pure virtualité**.

2 - Un monde fictif basé sur un déni de réalité

Le monde totalitaire est celui du « **tout est possible** ». C'est ce qui entraine, du haut en bas de la machine, la déclinaison en cascade d'exigences déréelles, impossibles à satisfaire. Dans le totalitarisme, il y a une « conviction fondamentale que tout est possible »[5]. A partir de la prémisse fondamentale du système totalitaire, aucun élément de réalité n'est pris en compte, ni même acceptable : « Il y a émancipation à l'égard de la réalité et de l'expérience »[6].

Pour H. Arendt, il y a **élimination** de la seule chose qui a un sens : le **sens commun**, et de ses prévisions utilitaires. Selon elle, on impose un **sur-sens**, « clef de l'histoire ou solution aux énigmes de l'univers » ou, en ce qui nous concerne, **clef de l'économie**.

« Ce sur-sens entraîne une dévotion aveugle avec un mépris totalitaire pour la réalité et les faits eux-mêmes car ils sont changeants. C'est ce sur-sens qui donne au mépris de la réalité sa forme logique et sa cohérence »[7]. Ce sur-sens, on le voit, expliquerait l'ensemble des prophéties

---

[5] *Ibid.*, p.242.
[6] *Ibid.*, p.299.
[7] *Ibid.*, p.276.

développées à partir de la prémisse qui, de ce fait, ont à peine besoin d'être démontrées.

L'idéologie devient un système logique où, comme dans les systèmes paranoïaques, tout s'enchaine de manière intelligible et même obligatoire, dès lors qu'est acceptée la prémisse [8].

Contrairement aux apparences, « l'agressivité du totalitarisme ne nait pas de l'appétit de puissance et de son désir d'expansion, non plus que de la volonté même de profit [9]. Ce qui serait encore décodable à défaut de l'approuver : « Elle prend son plein développement, comme on l'a vu plus haut, à prouver le bienfondé de son sur-sens ». Le développement est, nous l'avons vu, « la seule logique d'une idée |…] et traite l'enchaînement des évolutions comme si elle obéissait à la même loi que l'exposition logique de l'idée »[10].

Ainsi, « Le postulat est qu'une seule idée explique tout le déroulement à partir de la prémisse »[11]. Tout est compris dans cette progression cohérente de la pensée logique. Il est donc créé un **monde fantomatique**[12] pourvu de toutes les données sensorielles de la réalité, mais dans lequel manquent la cohérence et la responsabilité sans lesquelles la réalité ne demeure qu'une masse de données incompréhensibles[13].

---

[8] *Ibid.*, p.275.
[9] *Ibid.*, p.276.
[10] *Ibid.*
[11] *Ibid.*, p.297
[12] C'est nous qui soulignons.
[13] *Ibid.*, p.255.

Ce monde fascine car « libère de la diversité d'opinions » contrairement à l'idéalisme « soumis à l'expérience et à la contradiction »[14].

On voit donc que les apparences sont trompeuses et que le passage d'un monde « normal » à une organisation totalitaire n'est pas si aisé à repérer si le passage n'est pas brutal. **Mais si ce monde du discours est fantomatique, la maltraitance qui en découle est, elle, bien réelle**.

C'est sur le même mode que le new management a effectué progressivement un passage à un monde ressemblant plus à un jeu vidéo virtuel qu'à un collectif d'humains partageant un objectif professionnel réel.

A partir de la prémisse fondamentale du système totalitaire, « aucun élément de réalité n'est pris en compte, ni même acceptable »[15]. Avec la ***« conviction fondamentale que tout est possible »***[16]. Il faut éliminer le sens commun et ses prévisions utilitaires. C'est ce monde déréel qui est actuellement mis en place dans beaucoup d'espaces professionnels maltraitants.

Vous devez coûte que coûte réaliser l'impossible. Faire toujours plus de chiffre fait partie de l'impossible, le peu de moyens alloués pour ce pseudo objectif en fait tout autant partie, de même que la prescription d'objectifs inatteignables. Vous travaillez donc dans un **jeu vidéo virtuel**.

---

[14] *Ibid.*, p.66.
[15] *Ibid.*, p.242.
[16] Ibid., p.275.

Comme dans un jeu vidéo, où les morts ne sont pas morts, dans le jeu vidéo de votre travail :

- les femmes engagées deviennent « traîtres à l'entreprise » dès qu'elles sont enceintes, même en début de grossesse. On avait engagé des femmes « virtuelles » donc le retour à la réalité est inacceptable,
- vos enfants ne doivent jamais être malades,
- vous n'avez jamais besoin de dormir, ni le droit d'avoir une vie privée,
- vous n'avez aucun problème à partir un jour à 6h du matin pour les Etats-Unis et trois jours après à minuit à l'autre bout du monde, *etc.*

La déclinaison en est variée si le socle de base ne l'est pas.

Une des composantes de ce mouvement irréductible est la **terreur**, principe fondamental de maîtrise de l'ensemble de ceux qui sont touchés par ce mouvement.
On en verra la déclinaison plus loin. Il ne s'agit pas que d'une prise de pouvoir : comme dans la tyrannie, là, **vous changez de monde**. En voici les items :

a) Le mouvement

Le groupe est animé d'un « *mouvement constant, c'est-à-dire la domination permanente de chaque individu dans chaque sphère de sa vie* »[17]. C'est au travail, comme dans les systèmes historiques une valse incessante des slogans et des injonctions, comme des personnes. H. Arendt précise que ce mouvement est un élément essentiel de ces systèmes pour pouvoir le maintenir : « Le fonctionnement particulier de la machine par ce

---

[17] *Ibid.*, p. 69.

mouvement devient finalement *plus important que le chef* »[18] … et souvent que les objectifs eux-mêmes. Même s'il existe une circulation de jouissance du pouvoir, la majorité des maltraitants sont plus des « fonctionnaires », des exécutants, que de véritables sadiques pervers. « Il y a prima de l'action pure et de la force écrasante de la pure nécessité, *sorte d'activité* incessante dans le cadre d'une **fatalité écrasante** »[19], à laquelle tous se soumettent, sans en relever le contresens. Cette pseudo fatalité fait que personne n'assume la responsabilité des dommages liés au fonctionnement inexorable de « l'organisation ».

De ce fait, personne n'est coupable : ni les victimes car innocentes, ni les bourreaux car « *mus par une force supérieure* ». Le pouvoir de nuisance de ces derniers n'en est pas moins considérable car une fois la machine lancée sur un certain mode, vous n'avez aucune chance d'en réchapper : « Dans un monde fictif *et* arbitraire soumis à une loi référente toute puissante mais indéfinie dans sa déclinaison », l'humain est éradiqué et avec lui toute référence au bon sens ou au doute et, qui plus est, à toute réalité.

L'imprévisible est nié et vous en devenez fautifs. En les ayant soumis à des injonctions impossibles, des démonstrations absurdes, des critères arbitraires et des menaces terrifiantes, « *on a supprimé les hommes de l'histoire du genre humain* » (page 98) selon Tocqueville. Si on ne les éradique pas physiquement, **on supprime de même les travailleurs de celle du travail**.

Et comme dans les systèmes totalitaires, **la peur** est toujours la conséquence du processus à l'œuvre dans les organisations maltraitantes contemporaines du travail.

---

[18] *Ibid.*, p. 195.

[19] *Ibid.*, p. 77.

Ce n'est pas l'éradication absolue prévalant dans les systèmes totalitaires, mais on peut repérer à la source des symptômes de la souffrance au travail, un mécanisme identique et des conséquences psychiques, *toutes proportions gardées*, de même nature.

Au travail, le piège destructeur, sur le plan organisationnel, commence de différentes manières avec les rachats, réorganisations, restructurations, changements de chef, de méthodes, d'outils, et s'installe à partir de la perte progressive des collègues (retraite, maladie, maternité, harcèlement, *etc*..) et des moyens (restrictions, économies…). Son potentiel de nuisance, lié à l'impossibilité de réalisation du travail prescrit, est potentialisé par des injonctions faussement positives et purement incantatoires, comme, par exemple, la récurrente « optimisation des objectifs à moyens constants ».

Puis l'impossible prescrit ne pouvant être réalisé, le piège se referme. Quand votre liquidation a commencé, votre destruction n'est pas loin… La loi du chiffre sert toujours de socle mais le déni de réalité se bétonne. Vous êtes tenu d'effectuer le travail de 2, 3, 4 personnes, voire même celui pour lequel vous n'êtes pas formé, ni compétent. *« Chaîne fatale »,* dit Hannah Arendt. Hypocrisie du concept de la **polyvalence**, n'aboutissant qu'à une déqualification qui ne dit pas son nom ou à une « promotion » sans changement de statut qui équivaut à un siège éjectable à la prochaine réorganisation.

La déqualification, elle, entrainera à terme, votre entrée triomphale dans une des cases du « jeu de l'oie » correspondant à « trop payé pour le poste, à dégager ».
Oui, ces cases existent. Nous en avons des exemples dans nos consultations « souffrance et travail ». « Entonnoir

piège au travail » dans lequel vous vous retrouvez précipité sans même vous en être rendu compte. Vous ne vous en rendez pas compte car, de même que des milliers de « bons communistes » se sont retrouvés au goulag, des centaines de personnes compétentes se retrouvent brutalement déclassées, dévalorisées et mises sur siège éjectable.

Elles n'ont même pas vu le monde fictif s'installer car il avait une forme décodable. Elles n'ont pas vu le dérapage vers le déni de réalité. S'étant soumises à la **force de l'énoncé** et compétentes, elles ont cru pouvoir y arriver. Devant le « challenge » à relever, elles se sentaient fortes de leur **Idéal du Moi**. Elles ont donc, sans le savoir, participé au système et, piégées, s'en sentent coupables.

Les prescriptions trompeuses se déclinent sur la base *« d'arguments déconnectés du contrôle du présent,* avec en sous-entendu que *« seul l'avenir en révèlera les mérites »*[20] . Avenir radieux, purement fictif.

En fait, leur avenir est de progressivement arrêter de dormir, de manger, d'avoir une vie familiale. Parfois, en bout de course, on aboutit à la disparition même du désir, puis du désir de vivre. Les victimes se sont soumises à la prescription de l'impossible exigée sous forme d'injonctions. Si les méthodes sont similaires, la liste en est infinie. Cette organisation délétère et organisée selon les mêmes modes, se répand d'une manière virale depuis quelques décennies dans notre société. Si les régimes totalitaires ont par définition infiltré l'ensemble de la société, ce mode organisationnel de la maltraitance professionnelle ne touche pas, dans notre société,

---

[20] *Ibid.*, p. 99.

l'intégralité des corps professionnels. Il existe en effet des secteurs « bien traitants ».

Les corollaires absolus de l'organisation maltraitante sont la **déshumanisation** et la **destruction**.

L'idée de base : la prémisse, pilotée par cette logique aussi délirante que dévorante, est mise à exécution. La population comme les professionnels y sont soumis sans aucun souci de leurs intérêts, car le système : prémisse-monde fictif-déni de réalité est élaboré selon un **développement implacable**.

L'élaboration est celle d'une pseudo théorie scientifique, aussi imperméable à l'expérience qu'à la réalité, on l'a vu. Il s'agit d'une « *dévoration logique* »[21], explique H. Arendt. Cette « logique » est un ensemble de déductions pures, s'engrenant « à force » par des assemblages sans substance et face auquel il n'y a donc **pas de critique** possible.

Ce système est totalement **contraire à la pensée**. Il s'y oppose même. Une seule idée suffit à tout diriger et expliquer dans le développement à partir de la prémisse et « tout est compris dans cette progression cohérente de la pensée logique »[22], nous l'avons vu. De ce point de vue, ce fonctionnement est métonymique et incapable de métaphore, c'est à dire de symbolisation. Mue par le **mouvement incoercible** qui constitue la seule énergie de cette organisation, s'exerce une contrainte tyrannique exigeant « *une soumission absolue de l'esprit à cette*

[21] *Ibid.*, p.302.
[22] *Ibid.*, p.297.

logique » [23]. *« Car la terreur est la réalisation de la loi du mouvement »*[24].

b) La loi du mouvement

Il s'agit un item essentiel du système totalitaire, selon H. Arendt. Le mécanisme de développement de l'organisation étant dématérialisé dans un monde fictif, on peut imaginer qu'il ne sera pas développé dans l'ordre la cohérence et la clarté.

Contrairement à la tyrannie, le système fonctionne sur la **volonté du chef** et pas selon ses ordres. Volonté par définition sans limites et non circonscrite donc : règne de l'arbitraire et de l'aléatoire. Il ne s'agit pas d'un gouvernement avec une structure et des niveaux intermédiaires, mais « *d'un mouvement qui dans sa progression ne cesse de buter sur de nouveaux obstacles à éliminer* »[25]. On y reconnaîtrait presque l'entreprise d'aujourd'hui.

Comme nous l'avons vu, les références sont extrêmement mobiles. Dans ce système, le moteur est « *l'obsession du mouvement perpétuel des mouvements totalitaires qui restent au pouvoir aussi longtemps qu'ils demeurent en mouvement* »[26]. C'est ainsi que « *La direction ne cesse de déplacer le centre effectif du pouvoir, sans dissoudre, ni même révéler publiquement les groupes qui ont ainsi été privés de leur pouvoir* »[27].

C'est ainsi qu'il est impossible de repérer qui du N +1, 2 ou 3 sera encore votre chef le mois prochain. En revanche, vous devez obtempérer devant leurs ordres

[23] *Ibid.*, p.303.
[24] *Ibid.*, p.288.
[25] *Ibid.*, p. 222.
[26] *Ibid.*, p.38.
[27] *Ibid.*, p.182.

contradictoires. Mais comme « *seul un édifice peut avoir une structure, le mouvement n'a qu'une direction* »[28], et bien malin qui pourra décoder l'ensemble. Là, aussi, on observe, au niveau du monde du travail, cette valse perpétuelle devant la succession des rachats, restructurations, démembrements variés, changements de chefs que nous avons évoqués, non seulement dans les entreprises mais dans toutes les structures quelles qu'elles soient.

Au mouvement, s'associe **le discours,** spécifique du système, mais tout aussi éloigné de la réalité. Les déductions logiques ou dialectiques de ce système miment un raisonnement scientifique. Ce mouvement de pensée s'auto-génère et est **imperméable à l'expérience**. Ainsi, dans un système totalitaire, la pensée idéologique, selon H. Arendt :

- *a une prétention à tout expliquer,*
- *contient une promesse d'explication totale du passé, de connaissance totale du*
- *une prévision certaine du futur,*
- *s'affranchit de toute expérience donc s'émancipe de la réalité.*
- *affirme l'existence d'une réalité « plus vraie »* qui serait contenue implicitement dans l'idéologie[28]

Tout ceci « *émancipe la pensée à l'égard de l'expérience* » tout en donnant ainsi au système une cohérence qui n'existe jamais, en fait. Si dans le monde du travail, les théories sont moins implacablement construites, elles n'en sont pas moins implacablement appliquées, quelles que soient leurs imperfections. Ce, au

---

[28] Ibid., p. 179.

nom de la loi du chiffre posée en axiome, vous contraignant, poussé par la peur, à réaliser l'impossible.

c) La contrainte

Devant la simplicité trompeuse et invisible du discours ou de la démonstration, il y a captation par ce discours et le sujet, alors, s'auto-contraint, nous explique H. Arendt. Les hommes sont alors écrasés les uns contre les autres sans espace, donc sans liberté : « *Même la source de cette liberté,* c'est-à-dire pour l'homme *la capacité d'engendrer un nouveau commencement est asséchée* »[29].

La protection fournie par la **loyauté** exigée dans ce système n'aura de toute façon qu'un temps et, à terme, viendra le temps de la destruction. Car ce système élimine même les sympathisants comme la révolution communiste élimina par la suite ses meilleurs soutiens. Dans la sphère professionnelle, elle en éliminera de même les « bons travailleurs » sous des prétextes divers. Il est ici important de ne pas confondre **prétexte et raison**.

La **conviction** du bien-fondé des prescriptions est inutile pour l'homme car le but est « *de détruire la faculté d'en former* »[30]. Seule une « *soumission totale est exigée* »[31]. « *Une obéissance compacte et imperméable au moindre effort pour comprendre* »[32]. Elle s'organise sous forme de pseudo science, ici, de type économique. Elle s'énonce de manière plus prophétique que comme référence au passé, dit Hannah Arendt : « *Cette*

---

[29] *Ibid.*, p. 290.
[30] *Ibid.*, p. 294.
[31] *Ibid.*, p. 93.
[32] *Ibid.*, p. 67.

pseudoscience idéologique relève plus d'une technique prédictive efficace dans la méthode mais absurde dans son contenu »[33].

La **peur** qui se répand en conséquence n'est de toute façon pas d'utilité pratique pour protéger les victimes car toute action en réaction à cette peur n'évite rien. Quand on le peut, c'est-à-dire au travail, la fuite, qui permettrait de sauver sa peau, réelle ou psychique, est ici souvent la seule solution quand on s'y résout et qu'on le peut. De toute façon, l'aliénation imposée par la manipulation et la distorsion communicationnelle fait briller toujours plus un lendemain qui, pour être espéré, ne viendra jamais. Votre situation est donc sans issue. L'enchaînement obligatoire à un revenu, afin de pouvoir se maintenir et maintenir sa famille dans une existence socialement viable est un frein certain.

De même, le **soutien** que l'on estime devoir ou pouvoir apporter à l'organisation pour s'en faire une alliée plutôt qu'une ennemie n'est lui-même d'aucune utilité car :

- il n'est pas de critère objectif ni solide qui décidera qui en sera victime.
- la reconnaissance d'un jour acquise par le travail ou la compromission ne sera pas une garantie pour le lendemain.

En en épargnant certains pour en accabler d'autres, on installe *« l'aléatoire »* qui détruit la solidarité et renforce la peur.

Aucun **principe** directeur de conduite n'est non plus protecteur (vertu, crainte, honneur) car le système, chaîne

---

[33] Ibid., p. 98.

fatale à plusieurs maillons, vous laminera inexorablement. Toute valeur ou émotion sont également inutiles car exclues du fonctionnement de ce système.

On voit donc que ce système, porté par le discours organisé comme nous l'avons démontré, se développe implacablement. Une fois lancé, vous n'avez, même dans notre société « démocratique », aucun moyen de vous y soustraire, le piège se refermera sur vous.

d) La déshumanisation

Même dans notre monde où cette organisation est parcellaire, multifocale dans une société néanmoins « démocratique » avec quand même quelques espaces de contre-pouvoir, soit légaux, soit militants, l'évolution se fait vers la **destruction psychique** de l'individu touché : « *La psyché peut être détruite sans que l'homme soit pour autant physiquement détruit* »[34]. La différence est dans la lenteur ou la rapidité de cette désintégration.

C'est ainsi que des gens encore jeunes, compétents, avec des niveaux d'efficience élevés, se retrouvent, à leur grande honte et très inquiets quant à leurs capacités cognitives, à devoir emmener la liste des courses à effectuer, écrite par leur entourage, faute de pouvoir la mémoriser. Les troubles de l'attention, de la concentration, affectent en effet alors les victimes sidérées dans un impensable no man's land par *« l'effroi de l'imagination »*[35].

---

[34] *Ibid.*, p. 247.
[35] *Ibid.*, p.248.

On assiste à « *l'apparition d'hommes sans âme* »[36] : un homme alors réduit à un ensemble de réactions incompréhensibles avec les outils classiques d'analyse des caractères et des personnalités, **comme s'il** était atteint d'une maladie, nous explique H. Arendt. Il se retrouve dans un autre monde, inaccessible à sa compréhension et qu'il s'épuise sans fin à décoder.

C'est cet ensemble consécutif à la maltraitance au travail qui devrait en avaliser la reconnaissance.

Et que dire des autres, les petits, les « sans grades » qui n'avaient que les outils de leur force de travail et de leur honnêteté. Ils se trouvent soumis à un pouvoir arbitraire qui les en prive. Le choc est tellement violent que le risque de suicide est chez eux majeur.

Il n'y a donc plus, dans ces systèmes maltraitants, que victime, complice ou bourreau selon l'idéologie, et certains seront parfois amenés à jouer tous les rôles alternativement : les bourreaux ou complices seront les victimes de demain, le système « *dévorant inéluctablement ses enfants* »[37].

On le voit en reprenant l'Histoire, le monde maltraitant du travail n'a rien inventé. On peut toutefois se demander, en voyant les méthodes managériales enseignées dans les écoles de management, si les gestionnaires ingénieurs et technocrates qui pensent et organisent la maltraitance n'auraient pas puisé dans les perversions et les horreurs de l'Histoire les outils de réduction des êtres humains. Avec comme raffinement

---

[36] *Ibid.*

[37] Ibid., p. 293.

ultime l'obtention d'une soumission volontaire en l'absence de toute chaines physiques ou milices armées.

Ces notions sont très difficiles à intégrer, tant est ancrée l'idée que de votre conduite dépendra votre sort. Illusion aujourd'hui, certes héritée de la « rétribution au mérite » mais largement battue en brèche par l'institution sadomasochiste par excellence, de la « pseudo évaluation » individualisée de la performance. Pseudo car l'évaluation de l'irréalisable ne peut avoir aucune valeur.

Ce « tout est possible » sous-entend « la foi dans la toute-puissance de *l'homme grâce à l'organisation* »[38]. Organisation, maître mot, « solution » purement incantatoire de toutes les impasses de confrontation avec la réalité.

Notre action thérapeutique consistera alors à transformer l'individu sidéré par la peur, soumis à une hémorragie émotionnelle avec inhibition de pensée, en une personne « regroupée, rassemblée », debout et capable de penser donc de maîtriser la traversée du champ de mines qu'on lui a préparé. Une personne qui, ayant expulsé le virus de la peur, regarde le système maltraitant comme un jeu vidéo dont il ne fait plus partie. Une personne devenue un « joueur extérieur », se protégeant ou attaquant, mais descendu de la scène où on lui fait jouer le rôle de la « chèvre de Monsieur Seguin ». Et, de toute façon, une personne plus résistante parce que plus avertie et moins dupe.

S'il est pris à temps et bien accompagné, ce sujet soumis à ce rouleau compresseur pourra réintégrer le

---

[38] *Ibid.*, p. 240.

monde des humains, cela s'apparentera, dit Hannah Arendt, à la *« résurrection de Lazare »*[39].

II- Clinique et traitement de la souffrance au travail

1- Les victimes

« *En écrasant les hommes les uns contre les autres, en ne leur laissant aucun espace, le système totalitaire créé un homme unique aux dimensions gigantesques mais chacun est ainsi privé de liberté. En éliminant cette liberté, il en élimine même la source, c'est-à-dire pour l'homme la capacité d'engendrer un commencement nouveau* »[40].

Ce système fictif n'est ni pour, ni contre l'homme en soi, il accélère juste la force en mouvement. L'ensemble du groupe humain, qui ne constitue plus un collectif apte à penser et co-construire son travail, est ainsi transformé détruisant toute identité individuelle. Les victimes, sous ce rouleau compresseur, sont figées par la peur et ainsi majoritairement sidérées, absentes à la possibilité de penser, soumises au déni de réalité et aux mensonges d'une communication promouvant la santé, le bien-être voire le bonheur au travail avec, comble du délire, ses « happiness officers ». Elles vivent dans un monde fictif mais ayant l'apparence de la raison dans lequel elles se vident progressivement. Ce système pousse « au repli sur soi et à l'affaiblissement de l'instinct de conservation »[41]. Il y a étouffement du caractère unique de chaque personne

---

[39] *Ibid.*, p. 248.
[40] *Ibid.*, p. 290.
[41] Ibid., p. 53.

humaine, destruction de sa dignité, élimination de son individualité. Il y a, en outre, destruction de toute spontanéité, c'est-à-dire « *le pouvoir qu'a l'homme de* ***commencer*** *quelque chose de neuf à partir de ses propres ressources* »[42]. Car, dit-elle, « *l'homme libre est un commençeur* »[43].

Dans ce système où l'homme n'est plus qu'une marionnette, on aboutit à ce qu'il devienne *« superflu »*, une « *insignifiante contingence* »[44], nous dit H. Arendt. Les individus, soumis à un harcèlement individuel ou managérial, nous arrivent donc en consultation exactement dans cet état de sidération, **les mêmes méthodes dans ce système, quelles que soient leur intensité et leur généralisation, créant les mêmes conséquences**. Ce, même s'ils ne sont pas, comme dans les systèmes intégralement totalitaires, menacés de mort. Le but implicite de cette domination dans les grands systèmes totalitaires vise à créer quelque chose qui n'existe pas, « *une sorte d'espèce humaine dont la seule liberté est de préserver l'espèce* »[45]. Et encore…

Dans le nôtre, de la même manière, on crée donc actuellement une sorte de travailleurs dont la seule liberté est de pérenniser le concept de travailleur mais pas sa réalité au sens de ce qui fait le sel du travail : créativité, autonomie de pensée et d'action, plaisir de contribuer utilement et de belle manière, à l'amélioration du monde. De la même manière, la spontanéité étant liée à la vie, son élimination participe non au processus de construction mais de destruction : « *En répandant la croyance que tout*

---

[42] *Ibid.*, p. 271.
[43] Hannah Arendt, *La crise de la culture*, Folio, p. 198.
[44] Hannah Arendt, *Le système totalitaire dans les origines du totalitarisme*, *Op.cit.*, p. 274.
[45] *Ibid.*, p. 243.

est possible, on ne prouve seulement que tout peut être détruit »[46]. Les organisations professionnelles répétant sur un mode incantatoire l'injonction du « tout est possible », ne font alors que précipiter les gens qui y travaillent dans le vide en les éliminant les uns après les autres. Il n'y est accepté que la **soumission**.

Les victimes ne peuvent ni créer, ni se révolter, juste obéir, mais sans succès à la clé puisque les objectifs comme les stratégies prescrites s'avèrent impossibles à réaliser et, quand elles le sont, la réussite comporte une part d'exceptionnel à la mesure du sacrifice qui a dû être consenti pour y parvenir. Ce, sans garantie de pouvoir réitérer l'exploit qui, de toutes façons ne sera que le prétexte à une demande encore plus exorbitante. Car « *L'individualité devient intolérable et le caractère une menace* »[47]. Même ayant fait preuve d'héroïsme, les victimes s'épuisent et se vident peu à peu de toute substance jusqu'à leur élimination de la sphère professionnelle : dans le « meilleur des cas » par éviction, dans le pire par suicide.

Devant adhérer au **mensonge** généralisé, mensonge qui selon H. Arendt rend la réalité fictive (un procédé qu'elle a déjà décrit dans les procès de Moscou), tout le monde consent à être ligoté puisqu'il n'est plus besoin de coller à la réalité.

En effet, il n'est pas possible de contrer un **déni de réalité** lorsqu'il a force de loi. Nos patients, inconscients du piège, s'y essayent d'abord mais en vain, jusqu'à ce qu'ils se vident de toute force psychique et abandonnent la

---

46 *Ibid.*, p. 277.
47 *Ibid.*, p.274.

lutte. Il ne sert certes à rien de démontrer en janvier qu'il ne fait pas 35° et que l'injonction de se promener en maillot de bain sous peine d'élimination est absurde. C'est pourtant ce qu'ils essayent de faire au début, de même que les victimes des procès de Moscou ont hurlé sans résultat qu'ils étaient de « bons communistes ». Ils s'épuisent aussi à démontrer qu'ils sont compétents, qu'ils ont atteint des objectifs quand ceux-ci sont raisonnables. Ils s'explosent même à remplir ceux qui sont déraisonnables. Car ils sont forts de leur Idéal du Moi, ayant lutté pour arriver à leur niveau ou pour faire un travail de qualité. « La foudre ne tombant pas sur le persil », ce sont les meilleurs qui se retrouvent en première ligne de l'élimination. Ils croient au début que c'est leur compétence qui est en jeu et qu'il s'agit juste de relever le défi. Ils pensent être sur une scène professionnelle alors qu'en fait la scène réelle est une **scène de jouissance**.

Leurs compétences ne sont alors d'aucune utilité, elles les desserviraient même, ce qui est le comble de l'absurdité. Ils ne sont plus dans un monde rationnel même s'il en présente la façade, quels que soient les discours de communication, bienveillants. Avec la complicité des tableurs crachant chiffres et courbes de croissance, sans raison objective ni compréhensible au strict plan de leur valeur professionnelle, ils deviennent « le maillon faible », concept terrifiant et seront éliminés, détruits s'il en a été décidé ainsi. **Le verdict est sans appel.**

A aucun moment du déroulement du processus, il n'est question de personnes réelles. On fait comme s'il s'agissait d'êtres qui ne seraient pas capables de s'adapter à une situation en évolution requérant qu'ils s'y adaptent. La réalité est que le système crée précisément les conditions d'une mise en scène de l'échec de leur capacité d'adaptation, quelles que soient les ressources et les efforts, la créativité l'intelligence et l'engagement qu'elles déploient. **Quels que soient vos efforts, la réalité vous rattrape.**

Dans ce système, les sujets, quelle que soit leur personnalité, ne sont donc pas en question. Ils sont dans un **piège**. De toute façon, ils seront éliminés, sans raison et sans possibilité pour eux d'une mise en sens de ce qui leur arrive sauf à comprendre qu'ils évoluent dans un monde fictif régi par un mouvement incoercible et destructeur. Il s'agit là d'une expérience entièrement nouvelle pour la majorité d'entre nous qui subissons ou tentons de penser le système.

2- Les enjeux

Ce système n'est pas « la vraie vie » où des émotions autres que la peur ou la colère sont permises, où des relations existent, où vous n'êtes pas privé d'espace de pensée. Les victimes sont en péril comme dans un champ de mines et pour survivre il leur faudra penser la manière de le traverser. On ne peut se maintenir comme sujet dans le monde de la maltraitance, il faut refuser d'en faire partie. C'est une question de dignité et d'identité. Les victimes de ces systèmes sont juste « captées », par quelque chose de plus fort qu'elles, sous l'emprise de quelque chose de totalement extérieur à elles. Comme les victimes d'une bombe dans le métro. A aucun moment il ne faut rester captif, même si l'on ne perçoit pas le leurre au début, car ce système porte la négation même de la personne humaine. Ce, sans aucun bénéfice autre que d'alimenter le système.

Au travail comme dans les systèmes totalitaires, on est victime d'un système **entièrement extérieur** aux personnes qui le subissent. Il atteint **tous les types de personnalités**, de manière différente mais avec les mêmes résultats. Vous ferez une plus ou moins bonne victime car ce système rencontre évidemment quelque chose de ce qui vous constitue, mais il sera essentiel pour survivre et résister, de comprendre que **la cause de votre traumatisme vous est entièrement extérieure.**

Votre culpabilité n'a donc pas de raison d'être même si la majorité de votre entourage pense :

- qu'il n'y a pas de fumée sans feu,
- qu'on est toujours deux pour…

La majorité se fixe sur la réaction de la victime, multiplie les « y'a qu'à ». Elle sous-estime ainsi la nature de l'agression, **son organisation, l'impossibilité de s'y soustraire, sa nocivité absolue et sa totale extériorité**. Sans cette maltraitance, vous auriez continué à travailler normalement et vous n'auriez que les symptômes de votre propre personnalité et de votre histoire.

Vous n'y êtes pour rien. C'est à faire comprendre cela puis à en réparer les effets délétères que nous, thérapeutes et personnes ressources, nous attachons.

Les victimes continuent à se mouvoir dans ce monde fictif comme s'il était réel et compréhensible, les acteurs de la maltraitance jouant, eux, leur rôle, pour faire accroire qu'il l'est.

Néanmoins, les victimes s'interrogent. Après avoir essayé de remplir leur tâche comme les injonctions le leur prescrivaient au mépris de toute possibilité réelle, elles commencent à perdre pied. Au début, elles s'efforcent de démontrer qu'elles sont compétentes comme les « zeks » étaient partis au goulag, sûrs d'être de bons communistes. Elles tiennent sur leur **Idéal du moi**, pensant y arriver mais la réalité les rattrape toujours. Elles croient qu'elles partagent avec le système les valeurs du bon sens, une logique et une réalité à défaut de morale, mais ne voient pas le dévoiement imperceptible et progressif vers l'impossible. Elles ne voient pas qu'elles passent d'un monde vivant peuplé d'humains à un monde abstrait, peuplé de robots dans lequel elles sont vouées à l'élimination, comme les soviétiques accusés brutalement de « complot droitier, collusion avec l'étranger » ou autre accusation créée de toute pièce selon le thème du moment.

Un professionnel se retrouve alors brutalement ou insidieusement :

- insuffisant professionnel alors qu'il était jusque-là performant,
- sous-noté aux évaluations sans qu'il ait changé en quoi que ce soit,
- avec un avertissement venu d'on ne sait où, préalable standard au licenciement pour faute,
- repris à tout bout de champ pour des peccadilles transformées en faute professionnelle,
- poussé à la démission pour des motifs indémontrables comme « insuffisance professionnelle ».Insuffisance qui nécessiterait, reprenant tout l'historique, un expert pour chaque poste, ou tout autre vague motif équivalent à « traitre à la révolution ». Par exemple : « ne s'intègre pas au groupe », « ne se donne pas les moyens de remplir les objectifs de la modernité », « n'est pas assez « proactif », *etc.*

Un climat extrêmement déstabilisant donc, de déréalité et de menace. Après l'incrédulité et l'incertitude, c'est **la peur** qui s'installe avec un corollaire surprenant, **la honte**.

Dans ce climat, la confiance en soi s'altère. Puisque l'organisation décrète que vous êtes défaillant, vous devenez intérieurement coupable, dans ce monde où le mensonge est si répandu et fondamental que vous ne savez même plus où est la vérité. « C'est comme s'ils avaient prouvé mon insuffisance », dit Madame L. qui n'a en rien démérité professionnellement. La seule **force de l'énoncé** émanant de la pure subjectivité de celui ou du système qui l'énonce sert, et elle seule, de vérité.

3- Comment sont ciblées les victimes ?

Dans ces systèmes, on détermine d'abord les prochaines victimes **puis et seulement secondairement**, on y accole la pseudo justification. Celle-ci n'a donc pas la valeur d'une quelconque réalité. Les victimes sont prises au **piège du discours,** captées, nous l'avons vu, par ce discours. Comme dans les régimes totalitaires, les **injonctions,** sous prétexte d'être dans une langue compréhensible au premier abord, sont prises au pied de la lettre, comme émanation d'un réel objectif ou d'une quelconque correspondance avec la réalité. Juste après la « période des cent fleurs » exhortant les Chinois à s'exprimer, ceux qui le firent furent accusés de déviance et punis comme tels, comme le décrit Jung Chang dans « Les Cygnes sauvages ». De même, dans l'entreprise maltraitante, ce qui a l'air demandé ne l'est pas vraiment, en dehors éventuellement d'être un objectif inatteignable. Même si vous avez rempli vos objectifs, ce ne seront pas ceux qu'on attendait ou pas la stratégie adéquate, *etc.*

Puis, on vous reproche ce que vous êtes ou n'êtes pas. Petit à petit, les accusations quittent le champ du travail où elles étaient déjà sans rapport avec la réalité, pour intégrer la remise en question de votre être propre : « trop perfectionniste », « pas intégré au groupe ou pas adaptable », pas assez ceci ou cela…

Votre être propre, lorsqu'il se trouve mis en question, n'est en réalité que l'émanation du fantasme de l'autre ou de celui qui incarne le système. Car ce que vous êtes réellement, à supposer que l'on puisse en avoir une idée, n'intéresse personne. Mais vous prenez le reproche pour vous puisque puisqu'il vous est adressé. On vous reproche donc **ce que vous êtes dans le fantasme de l'autre**, et c'est précisément en cela que c'est une **scène non professionnelle mais de jouissance**.

Tout ce qui vous est dit a l'air d'avoir un sens grammatical, un contenu, mais ce qui vous est décliné avec reproche n'est en fait que le produit d'une **malveillance de l'intention** et ne reflète en aucun cas la réalité de la situation. Une suite de phonèmes dépourvue de sens serait tout à fait équivalente, ce qui est pour la majorité d'entre nous extrêmement déroutant si l'on n'a jamais été confronté auparavant à cette situation culpabilisante. Inutile de dire que ce système est difficile à décoder, autant pour celui qui le subit que pour la majorité de l'entourage.

4- Les proches

Ils sont déconcertés et banalisent : « *Il y a une inaptitude du monde non totalitaire à saisir une mentalité qui fonctionne indépendamment de toute action calculable* »[48]. Selon David Rousset : « *les hommes normaux ne savent pas que tout est possible* »[49].

Malgré les expériences que l'histoire nous a enseignées, peu en imaginent le mécanisme de répétition. La majorité pense que dans une société démocratique aucun secteur ne peut être organisé comme un îlot totalitaire. Pourtant, une micro -organisation totalitaire peut se structurer localement et se reproduire en secteurs de moindre étendue ou intensité, selon **des mécanismes qui prévalent et sont identiques dans tout totalitarisme**.

Ceux qui vous entourent se sentent impuissants, ils ne peuvent concevoir que cela soit si destructeur. La majorité pense que la réorganisation proposée peut fonctionner au seul énoncé de l'injonction. Ce, même s'ils savent qu'on est au bout de l'organisable dans ces conditions, faute de moyens pour le mettre en œuvre, c'est-à-dire dans un **leurre total :** « *Les proches croient facilement que leur désaccord est peu important. Ils ne sont pas sûrs de leur propre opinion et croient qu'un procédé bien organisé peut réussir même s'il est fou* »[50]. Chez les témoins mus par la peur, **l'évitement** est de règle. Les victimes sont alors entourées de sourds, aveugles et muets. Les autres (il y en a toujours), participent, certains activement.

D'autres sont séduits, d'une séduction qui est celle du leader mais aussi celle de « *la cohérence du système décrit comme soi-disant universel* » (page 107) et martelé avec force dans les esprits. La déclinaison de la Loi,

---

[48] *Ibid.*, p. 212.

[49] David Rousset, *L'univers concentrationnaire*, 1946, p. 181, cité par Hannah Arendt, p. 241.

[50] Hannah Arendt, *Op.cit.*, p. 163.

prémisse virtuelle, étant évidemment plus cohérente à première vue que sa confrontation avec la réalité, celle de la fascination opérée cette perversion en pensée et en actes.

C'est aussi pour cette raison que l'argument de la « rentabilité » pour justifier la maltraitance au travail, n'est presque jamais contesté, même dans les zones professionnelles où la rentabilité n'a rien à y faire. Il doit toujours y avoir une explication décodable pour la majorité d'entre nous. **Un système fictif, purement destructeur n'est même pas imaginable**.

La pensée critique et la solidarité étant éradiquées, il ne subsistera qu'environ 20% de résistants :

- soit muets mais sans participation malveillante.
- soit actifs « auxquels on ne la fait pas » mais en danger dans leur position de « héros ».

Ceux qui vous entourent essaient de minimiser car « *on est fortement tenté de trouver satisfaisante une explication de ce qui intrinsèquement incroyable, au moyen de rationalisations* »[51]. Inutile de dire que les témoins, même s'il y en a dans votre milieu professionnel, vont être aux « abonnés absents ». Pour la plupart, trop contents que cela « ne tombe pas » sur eux.

Parmi les 80% restant, soit acteurs de la maltraitance, soit séduits, soit terrifiés, soit n'ayant rien compris, certains comme dans les QCM (questions à choix multiples), réuniront plusieurs de ces items.

La **peur** mène le monde et la **séduction** n'est pas en reste. Quant au **goût du pouvoir**… La majorité décode ce

[51] *Ibid.*, p. 245.

système étranger, chacun avec le décodeur de son propre système :

- « comment peut-on se comporter de cette façon », disent les victimes.
- « ça doit avoir un sens », disent les spectateurs. Puis, ils se détournent de la
- victime, « Car il doit y avoir une raison pour sa maltraitance »,
- ou « il n'y a pas de fumée sans feu »,
- ou « il doit y avoir peu ou prou participé pour qu'on en arrive là »,
- car « on est toujours deux dans une situation donnée », *etc.*

Ce d'autant plus que dans ce système **le mensonge** est aussi recevable que la vérité ou la réalité. Il est devenu une partie intégrée de la réalité, donc a une valeur équivalente (*cf.* les procès de Moscou). Nicolas Werth, citant Boris Souvarine, remarque que la pratique généralisée du mensonge détruit tous les principes et les forces morales qui pourraient entrer en opposition : « La seule certitude, dit Souvarine, c'est que tout le monde ment »[52]. Citant Merleau-Ponty, il insiste sur le fait que : « *la tragédie est qu'il n'y a pas seulement fatalité – une force extérieure qui brise une volonté* », mais qu'en ne pouvant s'opposer au pouvoir « *la division n'est plus entre l'homme et le monde mais entre l'homme et lui-même* »[53]. D'où les processus délétères de **dépersonnalisation.**

---

[52] Nicolas Werth, *Les procès de Moscou*, Ed. Complexe, 2006, p. 165.
[53] *Ibid.*, p. 167.

5 - La compétence

La compétence n'est pas en jeu, sinon pour attirer la foudre. Nos consultations ne drainent que des personnes compétentes. Et, comme nous l'avons déjà dit et vérifié « La foudre ne tombe pas sur le persil ». Dans un système d'organisation totalitaire, les victimes ne le sont pas en fonction de leur opposition au système. Après avoir liquidé les fractions politiques non bolchéviques, le parti s'est épuré lui-même dans un mouvement sans fin et les goulags se sont peuplés de « bons communistes » qui ont cherché où était leur écart, leur faute... quand ils en ont eu le temps. Progression, également, de la mise à l'écart, voire de l'élimination des éléments les plus dévoués, et ce, dès le début du régime, dans la Chine de Mao. La victime l'est, car **désignée**, de manière plus ou moins arbitraire, mais jamais pour les raisons alléguées, nous l'avons vu. De même, dans les milieux professionnels, les victimes cherchent en vain où elles ont démérité. Leur évaluation peut ainsi se retrouver drastiquement en baisse avec l'arrivée d'un nouveau chef. Elles ont même parfois creusé leur propre tombe en formant le stagiaire qui prendra leur place. Quoi qu'il en soit, après avoir épuisé leurs forces à réaliser l'impossible, elles finissent elles-mêmes par douter de leurs compétences et par endosser peu ou prou l'image dévalorisée qui leur est renvoyée avec insistance.

Avec la honte et la culpabilité, arrivent l'hémorragie émotionnelle et l'inhibition de pensée, donc la décompensation, l'inhibition et les troubles cognitifs.

6 - Les symptômes

Archi connus, à défaut d'être reconnus, ils sont ceux de toutes les victimes de traumatismes extérieurs, attentats, accidents graves, guerre :

- inhibition physique et psychique,
- cauchemars récurrents,
- symptômes organiques pour ceux qui sont encore affiliés au domaine du psychosomatique (recrudescence d'asthme, troubles cardiaques, digestifs, affections cutanées…). Les troubles cardiaques liés au stress sont de mieux en mieux étudiés, sans émotion réactionnelle apparente de la part de nos politiques européens (ex :*Karōshi*, syndrome décrit au Japon de mort subite survenant au travail),
- et surtout, troubles cognitifs (attention, concentration, mémoire) en général réversible à condition de sortir de la situation pathogène. Ils sont étudiés dans certains programmes de recherche neurologique mais sans qu'il y ait à ce jour d'objectivation reconnue d'un lien avec les conditions de travail.

En revanche, si l'exposition à la maltraitance a été trop longue ou trop intense, les troubles cognitifs peuvent être majeurs chez des gens pourtant jeunes. Il apparaît que les symptômes psychiques observés correspondent cliniquement à ceux décrits par Françoise Sironi dans son excellent ouvrage *Psychopathologie des violences collectives,* chez les victimes de torture ou de guerre.

Elle en énumère la déclinaison, tant sur le plan cognitif qu'émotionnel :

- **élimination de la pensée** : « *Le paradoxe est mis en acte pour sidérer les processus de pensée. Par conséquent penser est inutile* »[54].
- **ses conséquences**. « *En instaurant la vanité de la pensée prédictive, donc du prévisible partagé, on élimine une partie de ce qui constitue le sentiment de sécurité* »[55].

Et elle ajoute : "La marque traumatique laissée par la violence traumatique est un organisateur de **psychopathologie traumatique** »[56]. Et elle décrit : des souvenirs envahissants des événements traumatiques provoquant un sentiment intense de détresse psychique et de prostration, des rêves répétitifs, un isolement confinant parfois au mutisme, des troubles du sommeil, une réduction de l'intérêt pour le monde environnant, une restriction des affects, des pleurs, voire des idées de suicide et des céphalées. L'ensemble de ce tableau est pathognomonique d'un état de stress post-traumatique :

Les violences physiques ou psychologiques sont de puissants marqueurs psychiques. **Les souvenirs traumatiques sont toujours à part**. Ils ne sont pas amalgamés à d'autres types de souvenirs [57].

On retrouve exactement là le tableau de nos consultants dont les signes princeps sont une inhibition de la pensée avec hémorragie émotionnelle. Car il y a eu une **effraction psychique**. Nous pensons que cette effraction psychique, quelles que soient la nature et l'intensité du traumatisme, est **l'élément déclencheur** de tout le tableau

---

[54] Françoise Sironi, *Psychopathologies des violences collectives*, Odile Jacob, 2007, p. 72.
[55] *Ibid.*
[56] *Ibid.*, p. 228.
[57] *Ibid.*, p. 20.

clinique. S'associent les autres signes comme la rumination incessante des évènements passés, sans possibilité de les mettre en perspective. Ce qui est tout sauf une pensée.

7 - Pourquoi ce tableau n'est-il pas reconnu chez les victimes de souffrance au travail ?

Cette non-reconnaissance participe du **déni**, voire de l'**omerta**, concernant la reconnaissance du tableau de décompensation, **décompensation** relevant entièrement d'une **cause extérieure non prouvable** le plus souvent puisque cachée et déniée. Ce qui rend les lois, L4121 du Code du travail partiellement inefficaces de ce fait.

Ce tableau présente une partie similaire à celui de la **dépression** mais en partie seulement. Car, si les personnes touchées sont à temps éloignées de la maltraitance et traitées d'une manière adéquate, on n'observe pas ce que 50 ans de psychiatrie nous permettent de reconnaître : à savoir une différence essentielle avec la dépression : la **douleur morale**. Ce, évidemment en dehors des rares cas de décompensation psychotique, surtout mélancolique.

Alors pourquoi ce déni ? H. Arendt nous explique que : « *La terreur est l'essence de ce système et son principe d'action la dimension de système logique de la pensée idéologique* »[58]. Le sujet soumis à la terreur se retrouve isolé, perdant contact avec ses semblables comme avec la réalité. Il ne peut plus distinguer le vrai du faux, le fait de la fiction. C'est aussi la ruine de la relation.

---

[58] Hannah Arendt, *Op.cit.*, p. 301.

L'isolement seul ne serait que « pré-totalitaire ». Il est néanmoins pour les totalitarismes un nécessaire préalable à l'exercice de la terreur et se combine à **l'impuissance** d'agir ensemble. Cette impuissance est redoutable, absolue, et contamine même la vie privée.

Cette combinaison aboutit à la **désolation** qui survient quand la possibilité d'agir ensemble est détruite. Quand l'isolement devient désolation, la vie humaine dans sa totalité est impactée. C'est « *l'expérience absolue de non-appartenance au monde* »[59]. Il y a déracinement, c'est-à-dire **perte du sens commun**. Ce **non-sens** est extrêmement destructeur et crée un éprouvé particulier. C'est *« l'une des expériences les plus radicales et les plus désespérées de l'homme »*[60].

Hannah Arendt explique que l'*homo faber* est toujours un peu dans l'isolement mais peut ajouter quelque chose de son soi au monde commun. « *Quand cette faculté est détruite, l'isolement est insupportable et l'homo faber n'est plus qu'un animal laborans* »[61].

Seul, demeure alors le pur effort du travail, c'est-à-dire l'effort pour se maintenir en vie. Expérience extrême. Dans l'état de désolation, le sujet est déserté par les autres La désolation est donc ressentie surtout avec les autres, contrairement à la solitude. Le sujet ne peut plus même être ensemble avec lui-même « *Ce qui rend la désolation si intolérable* », dit-elle, « *c'est la perte du Moi. L'homme perd la confiance qu'il a en lui-même comme partenaire de ses pensées* »[62]. C'est dans cet état que se trouvent

[59] *Ibid.*, p.306.
[60] *Ibid.*
[61] *Ibid.*
[62] *Ibid.*, p. 308-309.

nombre de nos patients. Il ne resterait alors, selon H. Arendt, que la logique qui « *n'a besoin ni du moi, ni d'autrui, ni du monde, mais c'est une vérité vide qui ne révèle rien* »[63]. Cette logique pure ne se transformera pas en pensée bien que le sujet s'y accroche pour ne pas se perdre définitivement. Mais elle s'embourbe en ruminations.

La terreur crée d'abord le désert puis le met en mouvement, mais il ne produira rien. On repère alors chez nos patients cette **combinaison particulière cognitivo-émotionnelle.** Dans cet état de désolation, il ne reste que « *le raisonnement froid comme la glace* » avec le strict refus des contradictions. La désolation confirme une « *identité d'homme en dehors de toute relation à autrui* ». La désolation, conséquence de la terreur totalitaire, est plus dangereuse que la seule impuissance, conséquence de la tyrannie. Le totalitarisme n'est pas la tyrannie. Il en diffère sur de multiples points mais la confusion est quasi constante.

Nous pensons que ce concept de désolation décrit l'état le plus proche de ce que ressentent les patients soumis à la maltraitance au travail et réduits à l'état « d'animal *laborans* ».

Ce pourrait être une combinaison du désert de la dépression et de l'isolement de la dépersonnalisation. En tout cas, ce pourrait être un état de cet ordre que toutes les personnes ayant subi tortures ou traumatismes avec effraction psychique importante expérimentent.

L'entretien avec le patient retrouve la description d'une **maltraitance objectivable** par la description d'**une**

---

[63] *Ibid.*, p. 310.

série d'items organisés toujours de la même manière comme nous l'avons vu plus haut, combinée à ce tableau clinique et **dans un rapport de cause à effet**.

Cette combinaison devrait permettre un **diagnostic**, un diagnostic aussi fiable que tout diagnostic médical, c'est-à-dire avec la fiabilité liée à la compétence et la part d'erreur inhérente à tout diagnostic. Ce surtout s'il s'agit de symptômes subjectifs. Mais il s'avère qu'en raison des **conséquences légales** et comme on a pu l'observer pour l'amiante ou la prise de certains traitements, cette marge d'erreur là permet de laisser la grosse majorité des victimes à l'écart de la reconnaissance de la cause réelle de leur trouble, et par conséquent d'un traitement adéquat de leur état. Ce, au cas où on se tromperait dans l'infime minorité des cas. Enfin, dans le cadre de ce déni recouvrant l'origine véritable et la nature de ces troubles, on oppose comme équivalents :

- le **discours de la victime** dont les items permettent d'en reconnaitre la cause et de préciser la différence avec des symptômes liés à une pathologie endogène.
- le **discours du ou des responsables** ou de l'organisation managériale, **perverti** par la distorsion communicationnelle et le déni habituels.

Cette équivalence construit deux puzzles considérés comme recevables au même titre alors que l'un d'entre eux est falsifié. Une compétence en ce domaine permettrait, **si on le voulait vraiment**, de les différencier au même titre qu'un vrai d'un faux tableau. Cette « équivalence » du pur signifiant discours participe donc de l'omerta au même titre que la falsification des faits relatés.

Enfin, l'absurdité du système alliée à l'équivalence mensonge/vérité fait que « les meurtriers (ou les maltraitants au travail) ont l'assurance d'être plus crus que les victimes qui disent la vérité »[64].

Il est plus difficile de contrer certains « pseudo-arguments » motivant une mise à l'écart car ils sont difficiles à contrer faute d'expertise. Un exemple en est **« l'insuffisance professionnelle »**. Les « vocables-accusations » pour nommer un groupe de futures victimes sont toujours volontairement vagues. Ce qui ne les empêche pas d'être avalisés. Ils sont déclinés selon des variations ayant l'apparence d'une raison évidente. C'est par exemple « le bien du patient » à l'hôpital, « l'éthique du service public ou le service à l'usager » dans le public, ou « la rentabilité de l'entreprise » *etc.* Nous verrons le problème posé par la notion de rentabilité. Pour celui posé par l'insuffisance professionnelle, on se heurte à l'impossibilité d'expertise en ce qui concerne tous les domaines professionnels.

En revanche, la **chronologie** de l'éviction ou de la maltraitance et son organisation sont peu ou prou toujours similaires et pourrait être un indicateur.

8 - Pourquoi et comment fonctionne le leurre et quel est l'objectif en termes d'utilité d'un tel système ?

A notre avis, aucun. Ce système maltraitant est, comme nous l'avons dit au début, ce qu'un groupe humain créé plus vite que son ombre s'il en a la possibilité. Les débats à ce sujet sont nombreux suivant les grilles de

---

[64] *Ibid.*, p. 245.

lecture. Les plus fréquentes sont de type analyse purement politique ou économique sur le système libéral.

Le problème posé est celui de **la nature humaine** :

Il y a « *meurtre en l'homme de la personne morale* »[65], la perversion du système « *étant artificiellement créée chez des êtres qui autrement eussent été normaux* »[66].

« *Le sens commun a tendance à penser de manière utilitaire* »[67], croyant donc qu'il y a une fin qui justifie ces moyens. La majorité croit en « *l'existence d'une nature humaine inaltérable* »[68], alors que « *l'homme de ce système est transformé en un spécimen de l'espèce animal homme* »[69]. Dans ce système absurde, il n'y a donc pas toujours, chez les exécutants, de « *volonté perverse avec des mobiles intelligibles* »[70]. Mais le résultat est le même. Dans nos îlots maltraitants « *le travail devient un lieu où se produit de l'absurde* »[71] sur un mode pervers.

La rentabilité d'un système mettant sur la ligne de la sécurité sociale, puis de pôle emploi, nombre de personnes compétentes donc formées et expérimentées, ce qui a déjà constitué un coût, reste à démontrer. Ce, indépendamment du plan moral.

---

[65] *Ibid.*, p. 265.
[66] *Ibid.*, p. 270.
[67] *Ibid.*, p. 275.
[68] *Ibid.*, p. 273.
[69] *Ibid.*, p.274.
[70] *Ibid.*, p.278.
[71] *Ibid.*, p.275.

H. Arendt notait déjà que dans ces systèmes, il y avait « *élimination des compétences, de l'ancienneté et du mérite* »[72].

9 - L'élimination et son coût

Ainsi, un autre élément du questionnement quant à la rentabilité comme objectif de ces systèmes est l'**élimination** de tous, même des sympathisants, donc des supports et rouages mêmes du système.

La terreur, on l'a vu dans l'histoire, se répandant par le mouvement incessant de ce système, a continué après élimination des opposants, elle s'est attaquée aux sympathisants et « *une fois même ses objectifs psychologiques atteints* »[73]. « *Le danger* » déjà, dit H. Arendt, « *est que des masses de gens sont réduites à devenir superflues si nous nous obstinons à concevoir notre monde en termes utilitaires* »[74]. Et si leur utilité même n'est plus un critère… !

De surcroît, le processus avance inexorablement, même contre tout intérêt pour qui que ce soit. Ce, si ce n'est pour le maintien du mouvement de la machine ou de l'organisation (son autoconservation). : « *La population y est soumise, même contre ses intérêts sous la pression de la dévoration logique du développement de l'idée de base, ce au mépris de toute considération utilitaire* »[75]. C'est une conception du pouvoir impliquant *« un total dédain des conséquences immédiates* », plus qu'un manque de

---

[72] *Ibid.*, p.232.
[73] *Ibid.*, p. 95.
[74] *Ibid.*, p. 278.
[75] *Ibid.*, p. 210.

souplesse et d'adaptation. Ce qui change du tout au tout par rapport à un régime autoritaire.

Dédain dont le but est de transformer la nature de l'homme avec une « *indifférence totale à son intérêt* ». De même qu'à celui de la nation, de son peuple ou de son territoire. H. Arendt compare ce processus « *à un conquérant étranger, venu de nulle part et dont le produit du pillage ne profite vraisemblablement à personne* »[76].

Dans cet ordre d'idée, les rachats d'entreprises successifs avec restructurations, réorganisations, éliminations puis revente ou délocalisation pourraient quand même poser question quant à leur réel profit économique à long terme. La mondialisation noie le poisson et la chronicité chez certains de l'analyse de type « lutte des classes » fige la non-reconnaissance de ce qu'est vraiment un monde totalitaire, même en îlots, et de son potentiel destructeur dans une société démocratique.

Cette élimination a un coût.

L'argent actuellement est quasiment fétichisé mais ce système de « cavalerie » repose plus sur le chiffre à « augmenter » purement virtuel que sur une rentabilité réelle à long terme. Il semble plus s'agir d'un saut éperdu de radeau de la Méduse en radeau de la Méduse combinant mouvement et destruction.

On pourrait à la rigueur « comprendre », à défaut de l'accepter, un système amoral, voire inhumain, s'il était effectivement objectivement rentable. Celui-ci n'a aucun sens décodable. Ce, même si on y plaque une pseudo-

---

[76] *Ibid.*, p.209.

justification, car il est impossible d'imaginer un système purement destructeur « sans sens ».

Les épurations successives du régime soviétique, celle des Khmers ou de la Révolution culturelle, se sont effectuées souvent au mépris de toute amélioration économique. La grande famine, après que 100 millions de paysans eurent abandonné leurs travaux agricoles pour lancer la production sidérurgique, témoigna plutôt de la part de Mao « *d'une indifférence presque métaphysique vis-à-vis de la réalité... indifférence problématique dans le cas d'un dirigeant investi d'un pouvoir absolu* »[77]. Le nouveau slogan apparu en Chine à cette époque fut quand même « *Une femme habile est capable de préparer un repas sans nourriture* »[78]. C'est tout dire de l'insertion dans la réalité.

Le déni de réalité constitutif des systèmes totalitaires et de l'organisation, similaire, d'une partie de nos organisations « professionnelles » semble à priori en contradiction totale avec une rentabilité réelle à long terme pour l'ensemble de la nation ou de la population, voire de la planète.

Réaliser l'impossible ne peut être qu'une **injonction,** jamais un objectif. De même que l'Idéal est aussi un impossible à réaliser, il n'y a **aucun moyen pour parvenir à satisfaire cette exigence.** L'injonction impérative de s'y tenir alors que « à l'impossible nul n'est tenu », constitue une mise en échec programmée. Les victimes seront surtout celles de l'aléatoire tant il y a une **profonde difficulté à repérer le leurre** sous l'alibi « pseudo rationnel ».

---

[77] Jung Chang, *Les Cygnes sauvages*, Pocket, 1993, p.262.
[78] *Ibid.*, p. 264.

Dans le monde totalitaire, les futures victimes étaient regroupées sous un vocable infamant, avancé au gré du changement de cap, toujours virtuel dans le discours : chasse aux droitiers, trotskystes, koulak, titistes, déviationnistes, *etc.* Le vocable était attribué aux personnes visées quelle qu'en soit la réalité. Puis la répression suivait son *cours.* L'ennemi était considéré comme tel en fonction « *de la ligne du gouvernement, pas de son intention de le renverser* » (page 220).

Il y a « *substitution totalitaire du crime possible à la faute suspectée* » (page 224).

Il l'est donc considéré comme ennemi indépendamment de sa volonté ou de son comportement. Dans ce mouvement d'épuration, point n'est besoin de décoder ce que vous êtes censé être ou avoir fait. La suite de phonèmes qui vous accuse n'a pas le sens qu'elle semble avoir, bien qu'énoncée dans votre langue, ne vous y trompez pas.

Chaque système a sa langue de destruction, les termes qui vous désigneront comme ennemi ne seront jamais autre chose que les marqueurs de votre futur statut de **victime**.

Ainsi de la chute brutale de vos notes et appréciations lors de votre évaluation qui est le marqueur de votre futur licenciement, quoiqu'on écrive sur vos capacités professionnelles.

Le fait qu'on licencie les plus de 50 ans sous prétexte qu'ils sont moins performants en informatique, ne veut pas dire que c'en est la raison. C'est juste « l'année du licenciement des plus de 50 ans ». Cela aurait pu se faire avec un autre pseudo alibi, comme « les femmes de plus de 60 kg ». Mais le rapport de cause à effet doit paraître acceptable et entrer dans le domaine de la raison. Puis, « plus de 50 ans » s'accole à « moins de rentabilité », et cela aussi paraît rationnel…Et c'est ainsi que le licenciement des plus de 50 ans débute dans l'acquiescement général. La contestation n'est que d'ordre moral éventuellement, mais tout le monde ou presque s'entend sur le rapport insinué par l'**amalgame** : rentabilité/moins de 50 ans et le tour est joué.

De proche en proche, **le système libéral utilise les méthodes des systèmes communistes sous l'alibi accepté par tous de la rentabilité**. C'est ainsi qu'apparaissent des **îlots de totalitarisme** se déployant sur l'amer des démocraties, mettant en œuvre en toute impunité pour parvenir à leurs fins, les mêmes stratégies que celles décriées des totalitarismes politiques. Les plus de 50 ans, les jeunes et finalement « l'homme au travail », n'en sont que les victimes. Bienvenue dans le nouveau monde qui a emprunté certains éléments du pire de l'ancien

En effet, ce système fonctionne actuellement en **îlots,** moins repérables, îlots retrouvés absolument dans tous les domaines professionnels, même là où l'on attendrait le moins la notion de rentabilité. Ainsi de l'hôpital et de la relation de soin. Les objectifs du « toujours plus » y sont également imposés, au mépris du fonctionnement réel et du réel du travail.

On voit que les raisons de prendre pour acquises les « raisons » de ce fonctionnement maltraitant sont multiples. L'alibi de la rentabilité est de ce fait à examiner avec la plus grande circonspection dans un système aussi déréel.

10 - Le chef et le rapport à la loi

Le pouvoir du « chef » ou de celui qui l'incarne ne fonctionne que sur sa **volonté**. La réalité pouvant être niée et les **objectifs ou les stratégies** variant arbitrairement, ils ne sont plus partageables. Le « toujours plus » qui caractérise la jouissance de ce pouvoir est un mouvement animé par une volonté auquel vous devrez participer de gré ou de force. Ceux qui l'appliquent sont mus par **différentes motivations** (fascination, séduction, peur, appétence pour le pouvoir, appât d'un bénéfice, *etc.*).

Certains y croient. Dans Les procès de Moscou, Nicolas WERTH, citant Piatakov dit : « *Nous sommes un parti d'hommes qui rend possible l'impossible* »[79]. Pendant son procès même, il y croyait encore… « *Pour atteindre ce tout est possible, tout devient permis* »[80], explique ainsi Hannah Arendt. Elle précise que tout est proclamé mais rien n'est garanti :

Le préalable nécessaire à cette domination est de **détruire les droits** de la population car toute restriction à l'arbitraire de la persécution ferait apparaitre en l'homme une nouvelle personne juridique, ce qui mettrait en échec la domination totalitaire[81].

La population touchée devient alors « hors la loi », ce qui met l'individu « *hors d'état d'agir* »[82]. N'est-ce pas ce qui est observé dans le monde du travail ? Nous n'en sommes pas tout à fait là dans nos contrées démocratiques où la loi est en général appliquée. Mais, **la démocratie de**

[79] Nicolas Werth, *Op.cit.*, p. 113.
[80] Hannah Arendt, *Op cit.*, p. 247.
[81] *Ibid.*, p. 264.
[82] Ibid., p. 258.

par sa nature même ne se protège pas de la perversion de la loi et l'action, de ce fait, ne peut d'aboutir.

Ainsi pour toute maltraitance envers autrui (viol, inceste, maltraitance au travail…) où s'impose, pour la victime, l'obligation de fournir des preuves objectives d'une atteinte perverse (et donc déniée), ce qui aboutit le plus souvent, à la disqualification de ses dires. Les acteurs de la maltraitance ont alors un total sentiment à la fois de toute puissance et d'impunité. « J'ai de très bons avocats » clament à la ronde certains chefs d'entreprises. Dans ce système de la preuve, les chefs ou le système ont *de facto* les pleins pouvoirs, des pouvoirs qui glissent vite vers **l'abus de pouvoir**. « C'est votre manager, donc il vous « manage », répond le N+2 interpellé sur les agissements du N+1. Quand c'est le système même qui vous maltraite et d'une certaine manière permet la maltraitance, il devient quasi-illusoire de vouloir démontrer un rapport de cause à effet.

A l'appui du système et des acteurs de la maltraitance :

- les formules intentionnellement vagues ou amalgamées avec lesquelles tout le monde ne peut qu'être d'accord, invoquées uniquement pour démontrer le bienfondé de la « démonstration » de celui ou ceux qui l'expriment, sans aucune logique partageable,
- des « expressions », suite de « pré-textes », qui ne sont en fait que celles de leur subjectivité ou de leur adhésion au système

L'homme au pouvoir, dans ce contexte d'**abus de pouvoir, transforme sa subjectivité en vérité**. Et le tour est joué, on n'y verra que du feu. Ceux qui le subissent et le suivent sont séduits et sont réduits par l'imaginaire non lié aux faits mais « *à la cohérence du système dont ils sont censés faire partie* »[83]. Cohérence imprimée à coup de répétitions et d'amalgames martelés à l'infini. Ils perdent alors toute possibilité critique : « *La fiction totalitaire fait que l'impossible est possible et que l'incroyable est vrai* ». Ce monde devient régi par une « cohérence insane »[84]. « *Les acteurs du pouvoir ont alors monopolisé la connaissance qui n'a rien à voir avec la vérité et le fait d'avoir raison, rien à voir avec la véracité objective des déclarations* »[85].

Le cynisme des uns se marie alors à la crédulité des autres. « *Toute la structure hiérarchique des mouvements totalitaires peut se décrire comme un mélange curieusement variable de crédulité et de cynisme* »[86] (page 154).

On voit que ce cynisme engendre crédulité ou fascination chez ceux qui le subissent ou l'exercent mais à terme qu'il écrase et détruit les sujets sous la cascade du mépris des uns envers les autres, à tous les échelons. « *Le mensonge n'est même plus reconnu comme tel* », explique Kravtchenko dans son livre *J'ai choisi la liberté.*

III - Les causes des symptômes, le contexte

Françoise Sironi, dans « Psychopathologie des violences collectives », explique parfaitement l'impact des processus culturels et politiques sur la psychopathologie

[83] *Ibid.*, p. 84.
[84] *Ibid.*, p. 169.
[85] *Ibid.*, p.156.
[86] *Ibid.*, p.154.

individuelle. Elle soutient, et nous partageons entièrement ce point de vue, que « *les troubles consécutifs aux violences de l'histoire collective ne sont pas réductibles aux formes habituelles de psychopathologie liées à la petite enfance* »[87]. « *L'intentionnalité malveillante a pour effet d'organiser la terreur en système psychologique collectif et d'instaurer la peur au sein de chaque individu singulier* »[88] .

Selon nous, toute société, groupe, religion, culture, moment historique, ont une structure reproduisant toute une partie d'un tableau psychopathologique avec prépondérance pour l'un ou l'autre des items d'un des grands tableaux cliniques reconnus. « *Cet environnement* ***remanie la personnalité et la structuration de l'individu*** *au même titre que son histoire propre* », explique-t-elle. « *Ce n'est pas de troubles intrapsychiques dont souffrent les victimes de traumatismes intentionnels mais des effets des constructions pathogènes et malveillantes* »[89].

C'est exactement ce que nous observons chez les consultants victimes de maltraitance au travail. La souffrance au travail, c'est la rencontre avec la **perversion**, perversion exercée au sein d'une organisation de type totalitaire en secteur, nous en avons vu les items.

Si l'élaboration d'un système sur une prémisse erronée appartient plutôt à la paranoïa, ce système-là n'est en aucun cas développé dans l'ordre, la cohérence et la clarté. Il se développe sur un mode illogique avec un discours manipulatoire, changeant, infiltré de contre-sens et d'amalgames affirmés avec force, en une pseudo-

---

[87] Françoise Sironi, *Op.cit.*, p. 11.
[88] *Ibid.*, p. 31.
[89] *Ibid.*p.31

rhétorique mensongère. Ces arguments répétés avec force, répétons-le, rendent alors le contenu mensonger inattaquable.

Le « *primum movens* » sur lequel repose ce système est le **déni**, déni que par peur, bêtise, lâcheté, séduction, fascination, tout le monde finit par partager quand il ne participe pas activement à la maltraitance. Déni du fait que toute loi peut être pervertie quand son application repose sur des preuves impossibles à établir. A commencer par l'impossibilité pour le médecin d'attester de la vraisemblance d'un récit où tous les items de la maltraitance sont présents Ce, sous prétexte, on l'a vu, qu'une erreur de diagnostic est possible alors que celle-ci pour un autre diagnostic est assumée. Pourtant, les conséquences quant à l'impact sur l'individu et sur le traitement proposé sont éventuellement aussi graves.

On pourrait imaginer, vu l'ampleur du phénomène, qu'une **commission** compétente, traite de ce problème, difficile soit, mais entraînant un blocage total et des conséquences délétères pour les victimes de viol, inceste, maltraitance au travail, violences conjugales.

Notre société a vu fleurir ces dernières décennies l'augmentation des psychopathies états limites et addictions ainsi qu'une montée de la violence. Dans ce contexte, on observe que, l'acceptation de cette **perversion sociale au travail** est un facteur d'exercice de cette violence exercée sur des gens compétents, et sans trouble psychique majeur auparavant. Ceci est rendu possible par le déni, voire une omerta multifocale malgré les discours incantatoires sur le « bien-être au travail », voire sur le « bonheur au travail ». On ne lésine pas quand il s'agit d'opération « charme » …

Les conséquences de cette violence sont gravissimes pour les personnes touchées, soumises à une forme de « torture morale » qui les fera gravement décompenser. Les tableaux cliniques, entre viol, agressions et violence physique ou maltraitance au travail, nous l'avons vu, sont similaires La maltraitance crée un « *homme nouveau* »[90]. Ce qui était déjà le principe des systèmes totalitaires, « *Hommes sans âme* » disait H. Arendt, nous l'avons vu également. Car l'instauration dans les systèmes totalitaires - et à leur service

- de l'aléatoire dans les violences collectives,

- avec l'élimination des anciens, la destruction du collectif, l'élimination aussi des proches et parfois l'acculturation des victimes,

- avec la mise acte des paradoxes tels que nous les décrit Françoise Sironi, tout ceci requiert l'organisation et le déploiement de modes de management durs qui n'en sont que le bras armé de cette violence sociale.

Le sujet qui subit cette violence devient un prisonnier du fait du traumatisme induit et de l'influence intériorisée et destructrice du tortionnaire. La pensée s'inhibe, en particulier, « *la pensée prédictive constitutive du sentiment de sécurité* ». Par la béance créée, « *l'effraction psychique laisse ouvert* »[91]. *« La pensée sous la douleur est bête, pas sophistiquée. La douleur dans vos organes dans la somatisation implique votre faute. Il s'imprime une croyance erronée de votre propre responsabilité* »[92].

D'où le sentiment de honte dont font état les patients.

---

[90] *Ibid.*, p. 63.
[91] *Ibid.*, p. 79.
[92] *Ibid.*, p. 81-82.

Le traitement

« En guérissant, on résiste à l'oppression » dit Emad Burnat dans son film : « Cinq caméras brisées », une histoire palestinienne.

Nous le répétons, les victimes de maltraitance au travail ne sont ni fragiles avant, ni malades au sens endogène du terme après, sauf si l'exposition du traumatisme a été trop longue ou trop importante. Elles ne sont pas plus fragiles que la victime d'une bombe dans le métro ne l'était quand elle a eu un bras arraché. Elles ont un ensemble de symptômes à peu près toujours identiques, déclinés peu ou prou toujours de la même façon, qui ne prennent un relief décodable que liés à la cause, elle aussi déclinée à peu près de la même façon.

Mais attention, laissées à elles-mêmes, non traitées ou trop tard, la majorité des victimes entrera dans un « karma » de pathologie mentale. Certaines, déjà fragilisées, décompenseront une véritable pathologie mentale mais n'auraient rien déclaré sans la maltraitance ayant dépassé leur capacité de résistance.

On peut se voiler la face en déclarant « il y en a qui survivent », comme sous la torture. Mais personne ne peut résister à long terme si la pression persiste. Certains craquent avant mais, à terme, quand on vous arrache les ongles, peu résistent. Il s'agit en effet d'une forme de torture, d'une torture mentale, que l'on parle de harcèlement ou de burn-out entrainant perturbation du sommeil ou privation, stress prolongé, désaffiliation au groupe, isolement et, pour les travailleurs, obligation de choix entre travail et prise en charge des enfants ou vie familiale, conflit éthique.

Toutes proportions gardées, les effets produits sont ceux d'une **torture**, mais, dans l'univers professionnel, d'une torture déniée, masquée, recouverte d'incantations ronflantes : optimisation, réorganisation, restructuration, bien du patient à l'hôpital, éthique du service public, amélioration du service aux usagers, et ainsi des autres slogans. Nous avons vu brandis tous ces alibis. Ces incantations vagues auxquelles on ne peut que souscrire ne reflètent en rien le contenu réel de ce qui est acté.

En fait, nous nous sommes aperçus que, comme Monsieur Jourdain faisait de la prose sans le savoir, notre méthode thérapeutique était en tous points celle prônée par Françoise Sironi dans son ouvrage fondamental en matière de violences traumatiques « Bourreaux et victimes ».

Le sujet victime d'une maltraitance extérieure finit comme la victime des pervers narcissiques, par se sentir **honteuse et coupable** :

- coupable ne n'avoir pas tenu son « Idéal du Moi » au travail croyant qu'elle était sur une scène professionnelle alors qu'elle n'était que sur celle de la jouissance fantasmatique de l'autre,
- coupable de ne pas atteindre dans la réalité des objectifs fictifs,
- coupable car ne décodant pas les slogans vides de contenu mais dont le sens apparent fait qu'on ne peut pas s'en affranchir, sauf à être « débriefé » auparavant.

La victime joue donc son rôle de « chèvre de Monsieur Seguin » sur la scène de sa propre destruction. Il y a donc lieu :

- de freiner l'hémorragie émotionnelle,
- de lui faire récupérer sa capacité de penser, donc de maîtrise émotionnelle et de décollement du système d'aspiration fascinatoire,
- de lui permettre de s'autoriser à vivre avec des sensations et des émotions dans un monde humain, ce tout en décodant purement intellectuellement le « jeu vidéo » projeté dans le monde professionnel.

Pour cela, il faut être conscient que tout le monde peut être victime d'un système pervers, *a fortiori* les bons travailleurs au travail, et qu'il est difficile de le décoder.

S'il est souhaitable de pointer chez le sujet les mécanismes sur lesquels le système ou les individus ont joué pour capter leurs victimes, il ne faudra en aucun cas renvoyer la victime à sa propre problématique comme cause de son infortune, car « *Le désordre n'est pas attribuable à la nature du patient ; il est la conséquence d'une interaction avec un autre* », explique Françoise Sironi dans *Bourreaux et Victimes* [93]. « *La souffrance du patient ne doit pas être traitée comme du matériel intra psychique, ni comme une production strictement individuelle* », ajoute-t-elle. Ou encore : « *Les conséquences de l'influence et de l'intentionnalité malveillante ne relèvent pas de l'émotion ;* ***elles sont la conséquence d'une action*** »[94].

Il s'agit d'une expérience de « *non-intégration d'éléments parasites* ». Le clinicien doit donc aider à désactiver l'influence du système maltraitant et permettre à la victime de décoder le système comme ne lui

---

[93] Françoise Sironi, Bourreaux et victimes. *Psychologie de la torture*, Odile Jacob, 1999, p. 161.
[94] *Ibid.*, p. 162.

appartenant pas : « *Isoler un objet de la sphère du traumatisme du reste de la psychologie du patient* »[95]. Le système agit comme un leurre créant « *effraction psychique et extraction du principe vital* »[96]. Il faudra donc, outre la greffe de décodeurs, l'aider aussi à transformer la soumission en résistance : mobiliser chez le patient « sa capacité de révolte en se pensant comme le négatif du tortionnaire ».

Cela demande une belle énergie et une conviction inébranlable exprimées très clairement et réaffirmées par le thérapeute jour après jour. En effet, c'est sur votre énergie que s'appuiera le patient pour expulser le virus pathogène infiltré par l'emprise de la maltraitance. Il faudra pour cela passer par ce que Giséla Pankow appelait une « identification structurante ».

Si le patient n'est pas trop atteint, ou pas depuis trop longtemps, il récupère mais il s'agit d'une course contre la montre pour deux raisons :

- pratique : la sécurité sociale, après 6 mois, quand le médecin conseil a bien voulu reconnaitre un burn-out ou un harcèlement qu'on ne peut corroborer, veut un plan de sortie de crise pour les 6 à 8 mois suivants,
- thérapeutique : il n'est pas question d'épouser le karma « chronicisation » dans l'isolement, le retrait, le vide, l'apragmatisme, l'aboulie. La « chèvre de Monsieur Seguin » doit se transformer en « pitbull » et le patient réintégrer le monde des humains vivants et capables de plaisir. Sinon, le prix à payer est exorbitant.

---

[95] *Ibid.*, p. 165.
[96] *Ibid.*, p. 167.

- en termes humains : il y a fracas d'une personne normale et compétente, fracas de toute la famille, conjoint saturé, enfants délaissés,
- en termes économiques : ligne budgétaire de la sécurité sociale, consultations, arrêts de travail, traitements, puis Pôle Emploi, pour, au mieux les dividendes des actionnaires, au pire, aucun avantage, ce d'autant plus que le prochain sur la liste subira le même sort dans le cadre d'une **épuration sans fin**.

Il est donc urgent, selon notre constat, de permettre un dépistage de ces situations traumatiques en combinant :

- la **reconnaissance de certains symptômes** non spécifiques, on l'a vu, mais toujours les mêmes,
- la **reconnaissance du lien de cause à effet** fondamental, problème complexe du fait du problème juridique, surtout **combiné à la reconnaissance d'une organisation individuelle ou managériale maltraitante** quelle que soit la raison économique évoquée.

Il est nécessaire pour ce faire, de **traiter la possible perversion de toute loi**. Perversion, on l'a vu, constitutive du problème et donc automatiquement reconnue quand il s'agit de crimes sexuels, inceste, maltraitance conjugale ou perversion managériale.

Urgent aussi, à l'instar de ces cas, et pour les raisons que nous venons de développer, de reconnaitre la perversion présente au cœur d'un management pathogène et le différenciant d'une montée des charges parfois nécessaire et non anormale tant que purement temporaire.

Une spécialiste des violences conjugales a ainsi pu proposer une reconnaissance de **vraisemblance** des éléments réunis….

Ce nouveau puzzle est à construire d'urgence ne serait-ce que parce que l'alternative est celle d'une destruction inutile et coûteuse, ce même sans faire référence à un monde plus éthique et humain, ce qui ne va plus de soi.

DEUXIÈME PARTIE

Introduction

Nous allons, dans cette partie, essayer d'illustrer l'absurdité destructrice et déshumanisante du système par quelques exemples de parcours. Ce en sachant qu'il est difficile de mettre en lumière une loi générale à partir de « tranches de vie » qui n'en montrent qu'un aspect partiel. D'autant plus qu'un système fondé sur perversion et déni n'offre au premier regard bien évidemment que le leurre qu'il nous fait miroiter.

Il faut donc décoder en profondeur les apparences pour visualiser « la partie immergée de l'iceberg ».

Nous procéderons en découpant les éléments, leur regroupement étant exposé dans la première partie.

Les parcours de patients reflètent l'association de tout ou parties des items de l'organisation totalitaire managériale au sens large, c'est à dire inhérente à la relation d'emprise au travail.

Nous tenterons de mettre en lumière, dans le parcours des patients, l'héritage direct au niveau du management, des organisations totalitaires.
Nous sommes obligés vu la nécessaire observation du secret médical de ne pas entrer dans des détails précis du parcours des patients. Mais les histoires étant d'une

similarité troublante, les précisions quant à leurs particularités s'avèrent, en fait, secondaires.

En revanche, le fond commun : la terreur, la maltraitance, la déshumanisation, la destructivité, toutes infiltrées par la perversion qui les caractérise, en fait l'unité. De même, comme nous l'avons montré plus haut, que l'état clinique qui en résulte.

I- La loi du chiffre

Comme nous l'avons vu, elle prend le masque de la rentabilité et conforte ainsi les tenants du tout libéralisme comme cause de la maltraitance.

Elle se confond à ne pas y regarder de plus près avec la montée en puissance de l'entreprise mais dans une *virtualité absolue*.

C'est une exigence *sans réalité possible* qui ne doit pas être confondue avec une augmentation de réalisation des objectifs.

Elle ne s'entend que dans un monde virtuel qui se traduirait par la conjonction potentielle du « no-limit » alliée à la diminution ou absence de moyens tout en réalisant sans fin ni frein l'augmentation des objectifs.

Elle ne sert que de prétexte à l'emballement de la machine et à la mise en surchauffe de ses éléments malheureusement humains.

II- L'obsolescence programmée

Parcours exemplaire

Après un parcours classique de manager surchargé, soumis à des ordres contradictoires et « forcé » à licencier des membres de son équipe, Mr A un jour refuse un licenciement supplémentaire. Il intègre donc sur le champ la charrette des futurs licenciés.

Pour formaliser les parcours professionnels, dans plusieurs entreprises dont celle de Mr A., l'état de service du personnel est visualisé par un **tableau,** dans lequel, il y a création de cases type « jeu de l'oie ».

Dans ces cases, il y en a une pour ceux qui « coûtent trop cher pour ce qu'ils sont censés rapporter ». Quand vous passez dans cette case, le mouvement suivant va soit vers la promotion, soit vers l'élimination.

Quand je m'interroge sur l'utilité de cette déconstruction, on m'explique le chemin de « l'obsolescence programmée des entreprises ».

Après les « éliminations épurations » successives des secteurs de cette entreprise *et le personnel qui va avec*, une autre entreprise envoie une partie des secteurs en sous-traitance et ne garde que la partie rentable, même minuscule, du reste de l'entreprise, ainsi réduite à sa plus simple expression.

Le personnel suit le mouvement au gré des réductions. N'importe qui peut donc passer, pour une pseudo raison dans la case « élimination ». Bien évidemment, cette case est un élément dans le « *mouvement valse* » des entreprises qui consiste à réduire de plus en plus l'entreprise jusqu'à ce qu'un petit noyau soit juste rachetable.

Mouvement nécessaire au maintien du système comme nous l'avons vu plus haut. Ce mouvement entraine un quota régulier de personnel à éliminer par quelque moyen que ce soit.

D'autres entrent dans une **courbe**, comme Mr B. nous l'explique, mais le but est le même.

En fait, dans certaines entreprises, il y a des **quotas** de notation à visée éliminatoire également.
Dans ces quotas, il y a, par exemple, X pour cent de très bons, Y pour cent de moyens, et Z pour cent de « mauvais, à dégager », « au bord du précipice » dit l'un d'eux.

Mr B. me décrit alors le processus.

A la mi-année, on vous explique ce qu'il faut redresser et à tous les niveaux dans tous les secteurs. Puis, en automne, une commission discute les notes. Si tout le monde a une bonne note **vu la « nécessité » de quota d'élimination**, là aussi, il faut *« forcer la courbe »*. Si vous ne le faites pas, on s'en chargera pour vous et bien évidemment vous rejoignez la partie basse de la courbe.

C'est ainsi qu'on peut se retrouver dans la situation aberrante d'avoir une mauvaise note alors que tous les membres de l'équipe que vous dirigez en ont une bonne. Car vous n'avez pas collaboré de manière satisfaisante au quota d'élimination.

Bien sûr, on ne divulgue pas les notes à ses collègues, ce qui créé une atmosphère de concurrence. Un patient nous dit : « Ça rend fou. C'est une fausse culture de la performance. Je suis traité comme un produit et après 15 ans, il faut m'éliminer ».

Obsolescence programmée là encore.

Après quinze ou vingt ans dans la même entreprise, votre sort est scellé par **case ou courbe**, peu importe.

Ce **système de quota**, indépendant de toute causalité repérable, nous en rappelle hélas d'autres de sinistre mémoire…

Mais ne semble n'avoir qu'un rapport lointain avec une réelle rentabilité. On y voit donc plutôt :

LES HABITS DU LIBERALISME MAIS L'ORGANISATION DU TOTALITARISME

III- Le dérapage…le déni de réalité…l'utopie… la mélodie du bonheur

Le dérapage est que le travail prescrit soit assimilé à la **réalisation de l'impossible**.

Sans aller jusqu'à arborer, comme aux frontons des goulags, « la vie est devenue meilleure, la vie est devenue plus gaie », nos entreprises rivalisent d'injonctions hyperboliques.

« Il ne suffit pas d'atteindre ses objectifs, il faut les dépasser » proclame-t-on volontiers ou selon une citation d'Antoine de Saint Exupéry : « Pour ce qui est de l'avenir, il ne s'agit pas de le prévoir mais de le rendre possible ».

Vaste programme… !!!

Mais qui implique des conditions de réussite obligatoire.

Dans le cadre de ce que Christophe Dejours décrit comme *le mensonge communicationnel* (Souffrance en France), certaines entreprises assimilent également leur intense travail prescrit et ses conditions de réalisation à un vaste terrain de **jeu**, tout en fonctionnant sur des slogans où travail et jeu sont liés.

Jeu dont la part de hasard dans ses résultats est, bien sûr, niée. Jeu qui implique quand même de gagner obligatoirement à la fin.

Certains « *jouent* » donc dans un « open space » moderne qui s'apparente là à un jeu de « petits chevaux ».

Ce jeu pour certains consiste, outre l'augmentation de la charge de travail classique, à essayer tous les matins de se chercher une place. Car l' « open space » n'ayant pas assez de places, le premier arrivé a une place où il peut poser son ordinateur. Les autres doivent déambuler en cherchant où se poser. C'est : « Sport travail » en quelque sorte.

Quand toutes les places à peu près confortables sont prises, on peut trouver éventuellement une bulle sans fenêtre avec une chaise et un téléphone.

Cette bulle est munie d'une lumière qui s'éteint « car on ne doit rester au même endroit que de manière provisoire ». Il faut donc régulièrement lever le bras pour que la lumière se rallume.

Certains couvrent ainsi plusieurs sites avec leur ordinateur sur le dos.

Sur ce *terrain de jeu*, on pourrait rire si on ne finissait pas par en pleurer.

Alors la machine disjoncte et les circuits physiques et psychiques s'arrêtent, avec l'apparition, par exemple, de troubles cognitifs.

Les troubles cognitifs sont alors, d'un côté, liés à la surcharge des circuits et de l'autre un *message d'alerte rouge de la nécessité d'un arrêt.* Impératif nécessaire pour que les personnes ne passent pas la barrière de sécurité absolue de leur autoconservation, les autres messages ayant été négligés dans la course à l'Idéal du Moi.

Là, la « machine » ne fonctionnant plus, *l'arrêt est obligatoire,* qu'on le veuille ou non.
Ce qui nous fait penser qu'il s'agit là d'un *processus d'autoconservation* est que, pris à temps et traités de manière adéquate, une récupération peut s'effectuer.
Récupération plus ou moins complète selon le temps d'exposition, ses conditions, la rapidité et l'efficacité de la prise en charge.

Ayant manqué de moyens, d'outils, de temps, avec des objectifs forts, impossibles à remplir, courant partout pour se poser et pouvoir travailler, celui ou celle travaillant dans cet « open space » se retrouvera donc, éventuellement, en arrêt de travail pour de nombreux mois, sous traitement et pris en charge de manière spécialisée. Conséquences lourdes, donc, surtout pour un *pseudo jeu.*

Nous avons vu plus haut que le **mensonge** est la base de la propagande totalitaire,

A l'identique dans le monde professionnel, ce mensonge quant à la nature du monde dans lequel on évolue finit par imprégner l'imaginaire collectif au point de ne même plus pouvoir repérer où se trouvent vérité et réalité

IV- Réaliser l'impossible

Un parcours exemplaire

Tout se passait normalement, c'est-à-dire bien, pour Mr X., par exemple, jusqu'à l'arrivée d'un *nouveau directeur général* qui **fusionne** les équipes et met en place des **objectifs**.

A partir de cette date, les collaborateurs ont un objectif personnel à annoncer et à tenir, ce qui augmente la pression.

Mais le mode de début du processus peut être aussi un *rachat, une restructuration, une « réorganisation »*.

Puis la suite est désespérément quasi identique quelle qu'en soit l'origine. Les départs se succèdent, vous vous retrouvez à remplacer les manquants et à travailler 14h par jour, 6 jours par semaine.

Tant que vous restez **performant,** on vous congratule. Entre temps, les collaborateurs passent et « trépassent ». On fusionne éventuellement les « survivants » dans une atmosphère de concurrence acharnée entre eux.

Les autres sont éliminés au fur et à mesure pour « manque de résultats ». Certains disparaissent pour « malaises ».

Parfois, lors des « bilans », pour mieux illustrer son propos, la Direction générale fait mettre d'un côté du mur les plus anciens, et les autres de l'autre côté, comme les futurs otages des temps sombres. **Peur et humiliation**.
Si vous tenez encore, les remontées de vos difficultés à vos supérieurs, quand vous faites remonter, restent sans réponse.

Puis, les objectifs ayant encore augmenté, il devient difficile de chiffrer ce qui peut être réalisé pour vous et ce qu'il reste de votre équipe.

Vous commencez donc à être *cloué au pilori : les reproches* qui vous sont faits deviennent *perpétuels*.

Dans certaines entreprises, le personnel convoqué obtient une *appréciation* : Bien, moyen, mauvais, très mauvais. Méthode remise en question et décriée même à l'école mais **humiliation.** L'humiliation**,** procédé de base dans le système totalitaire, a trouvé un nouvel essor dans les milieux professionnels, quels qu'ils soient.

L'un des éléments inhérents à ce système arbitraire est la *non-équité des traitements, isolant ainsi la victime.*
Certains surnagent, en attendant la prochaine vague, d'autres sont sommés de partir, d'eux-mêmes, bien sûr, donc sans droits mais on accorde à d'autres une rupture conventionnelle.

On note, là aussi**, l'obsolescence programmée**, au nom du fait que « les jeunes sont légion à attendre la place ».

Entre temps vous subissez des changements permanents de règles et d'objectifs. Là aussi, vous vivez sous le règne de **l'arbitraire absolu**. Arbitraire indispensable nous l'avons vu dans les organisations totalitaires pour éviter toute stabilité repérable, source d'immobilisme et susceptible d'en inférer une loi à laquelle on pourrait se référer.

Devant la **menace** permanente, génératrice de **peur** et donc de troubles et avant qu'on ne vous invente une faute professionnelle, il ne vous reste plus qu'à vous arrêter avant qu'on ne vous invente une faute professionnelle malencontreuse. Ce dans le cas où votre machine physique ou psychique n'a pas encore disjoncté.

Nous voyons ici que nous avons quatre éléments fondamentaux de l'organisation totalitaire :

- la fixation d'objectifs **impossibles** à réaliser et
- la **terreur ou la peur** consécutives utilisées comme corollaire de l'exercice du pouvoir.
- ce afin de maintenir un **mouvement** constant de l'organisation dans des directions arbitraires au gré des rachats, restructurations et stratégies variées, mais pour des objectifs qui n'ont en commun que d'être définis par l'impossibilité de les atteindre ; même si, dans la réalité, le personnel survivant atteint le maximum de ce qui est possible, donc de la rentabilité maximale en attendant d'être éliminé.
- **L'absolu non-sens** de ce parcours est le quatrième élément pathognomonique de cette organisation pathogène.

V- L'héritage du totalitarisme, un lien fondamental et spécifique.

Johann Chapoutot, dans son livre remarquable *Libres d'obéir,* montre que le management par objectifs et délégations découle en droite ligne de l'organisation de l'Allemagne nazie.

« Libres » aux « surhommes » proclamés de « choisir » leur stratégie pourvu qu'ils atteignent l'objectif dicté. Objectif surdimensionné lui aussi puisque dans un monde virtuel peuplé d'individus quasi surnaturels.

Un climat de terreur est organisé pour faire échec au moindre bon sens, au moindre éclair de lucidité, à la moindre intuition des limites de la confrontation à la réalité ou de l'absurdité de la tâche à accomplir.

Les consignes stratégiques doivent être vagues, changeantes, incarnées en « process ». Consignes plus chronophages qu'efficaces puisque pas confrontées à leur faisabilité. Seul l'objectif fixé est impérieux.

Johann Chapoutot montre que pour parvenir à ce résultat, il faut créer de multiples unités, évidemment rapidement concurrentielles (règne de la *polycratie*). Ce, tout en prenant des distances avec l'Etat, lourde structure limitante, et avec la loi qui par définition s'impose à tout et donc brime l'ascension de « l'homme nouveau ».

« Homme nouveau » qui ne doit pas être englué dans des structures aliénantes.

Il faut aussi dire que dans le monde du travail, contrairement à l'organisation totalitaire, les milices sont remplacées par les affidés du management sauvage. Le but est d'obtenir une soumission volontaire au système en instillant la peur, peur essentiellement ici de perdre son travail et donc les moyens de sa subsistance.

« L'homme nouveau » sans limites se surpassera donc pour créer un nouveau monde en incessante ascension.

Et pour les vrais humains **c'est le burn-out**.

Parcours de Monsieur E.

Monsieur E. est ingénieur et travaille en informatique. Il a été promu sur un nouveau poste ; il dit avoir travaillé « comme un taré » mais est survenue une **réorganisation** lors de laquelle il est rattaché à un équivalent « qui a déjà son équipe ». On lui demande de former des « collaborateurs » sur le logiciel qu'il a lui-même développé.

Puis, les critiques commencent. Inexorablement, le début des critiques marque le début du processus de licenciement. C'est aussi à ce changement que vous perceviez dans les organisations totalitaires votre liquidation future.

Le licenciement est opéré sur la base de ces critiques et un « collaborateur », voire le stagiaire formé, prend la place de Mr E. Cercle fatal parfait.

La critique dans ces systèmes n'a besoin d'aucun fondement, elle n'est que le prélude à votre disgrâce.

Quand Monsieur E. arrive en consultation, il est effondré. « Un jour, dit-il, je n'ai plus pu ouvrir mon ordinateur. »

Il a des troubles cognitifs, est sidéré par une peur omniprésente, pleure, a maigri, ne dort pas. Il est « en boucle », comme tous les patients d'ailleurs, et il faudra lui réinjecter avec énergie une capacité de penser.

Tout ceci **prend 2 ans** avec avocat, prudhommes, traitement, psychothérapie et prise en charge spécialisée. En attendant, il perd sa mutuelle et les papiers qu'il faut pour s'inscrire chez un autre prestataire sont fournis avec erreur et retard, ce qui est aussi un grand classique chez beaucoup de nos patients, comme d'ailleurs pour les papiers nécessaires à la prévoyance. Ce qui les met en grande précarité. La précarisation financière délibérée s'ajoute donc à son lot d'angoisses.

Finalement, après 2 ans de suivi, l'entreprise est partiellement condamnée et Monsieur E. finit par retrouver du travail.

La question qui se pose est alors « En quoi ce parcours est-il rentable et à quel niveau ? ».

Dans l'entreprise Monsieur E. sera remplacé par celui qu'il a formé sur un logiciel qu'il a créé. Est-il rentable, et pour quel objectif, de remplacer quelqu'un de qualifié par un salarié moins qualifié, même si celui-ci est moins payé ?

Lorsque les entreprises perdent ainsi en qualité, ne sont-elles pas en train de scier la branche sur laquelle elles sont assises ? Sauf à entrer dans l'obsolescence programmée comme expliqué plus haut.

Quant à notre système social que nous alimentons, n'est-il pas le grand perdant financier de ce « rubik's cube » ?

VI- Sommes-nous toujours sur une scène professionnelle ?

Dans l'émission Thema sur la chaine de télévision Arte du mardi 10 février 2020, une ancienne « ZEK » (travailleur du goulag) rapportait ainsi les commentaires de ses geôliers… « *Ce n'est pas votre travail qui nous intéresse, c'est votre souffrance ».*

Ce qui relativise quand même la part respective de l'apport du système concentrationnaire en Union Soviétique aux grands travaux comme élément de développement de la Russie de l'époque.

Question que l'on doit se poser quand on sait que le canal de la Baltique n'a pas pu fonctionner car trop étroit et pas assez profond. Abstraction faite même de toute notion de coût humain. Quant à la voie reliant l'Oural au fleuve Lenissei, ou « Voie Morte », elle représente, dit le commentaire d'Arte : « la faillite du modèle de développement fondé sur le travail forcé en 1947 ». Objectifs pharaoniques aux résultats dérisoires mais pour lesquels le nombre de morts parmi les travailleurs du Goulag ayant participé à ces réalisations qui n'ont jamais fonctionné a été considérable.

Richard Lowenthal, dans son article « le testament politique de Staline », publié en avril 1953 dans la revue

Preuves, s'interrogeait, à l'époque, sur les objectifs des « bureaucrates de l'économie » en Union Soviétique.
Il les appelait déjà les « managers ». Ils sont devenus de nos jours aussi les « collaborateurs ».

Il en relève la notion de profit quant au bénéfice apporté par le pouvoir, ce qui est évident. Il pointe chez Staline la contrainte en vue d'une **accumulation illimitée.**

Mais interroge aussi et c'est fondamental, sur les **contradictions** inhérentes à la participation à ce système.

« *Peuvent-ils trouver leur intérêt à un régime où l'économie, soumise à des critères hautement idéologiques entraînant un gaspillage considérable, est aux ordres d'une administration tatillonne et dont l'existence est faite d'objectifs impossibles à atteindre et de frauduleuses (donc dangereuses) déclarations de réalisation ? Ne doivent-ils pas au contraire ressentir une aspiration conservatrice de plus en plus profonde à la sécurité et à la stabilité ? Ne doivent-ils pas éprouver le désir d'être enfin à même de s'installer au pouvoir ?* »

On se croirait dans l'actuel management, l'absurdité de ses objectifs, la valse de ses exécutants et la précarité de leur situation.

Dans un système totalitaire, il y a **glissement de l'objectif qualité** du travail, qui devient alors secondaire, vers un exercice du pouvoir prioritairement créateur de souffrance. Ce glissement est actuellement retrouvé dans le monde actuel du travail.

Christophe Dejours note dans « Souffrance en France » qu'il y a dans la dérive du travail en entreprise *un glissement de l'objectif-production à la priorité absolue donnée à l'organisation.* Tout le monde du travail en a été ensuite contaminé.

VII- La terreur

La confrontation avec les limites imposées par la réalité, nous l'avons vu, est insupportable. **On imputera donc à certains individus ou groupe la responsabilité de l'échec** éventuel. Echec, total ou relatif, conséquence logique de la réalité occultée et des objectifs inatteignables.

Ce seront les futures victimes désignées.
De toute façon, réussite ou échec, le système nous l'avons vu, a besoin de son quota de victimes pour maintenir sa course effrénée

Point n'est besoin de tenir compte de ce qu'ils sont ou font, ils ne sont que l'incarnation d'une limite insupportable, de par leur appartenance à l'humanité.

Nous avons vu que la terreur est le mode essentiel de fonctionnement de ce système pour « galvaniser » les exécutants d'un côté ou de l'autre pour créer des secteurs par courbes, tableaux ou autre, d'obsolescence programmée des humains indésirables.

C'est aussi un mode d'exercice du pouvoir qu'un groupe humain créé plus vite que son ombre s'il n'y a pas de barrières solides. Il est inhérent à ce management, fonctionnant sur un déni de réalité et un mode pervers.

Comme le relève Christophe Dejours dans Souffrance en France :

« Il ne s'agit pas d'une logique incoercible mais d'un enchainement impliquant des responsabilités »

VIII- Faire fonctionner le système : une nécessité, un intérêt… une jouissance ?

Mais ces exigences et injonctions se mouvant en permanence ne touchent pas que les entreprises.

Elles font partie dorénavant, avec une expansion virale, également des services publics.

Comme nous l'avons expliqué dans la première partie, le mouvement perpétuel et aléatoire fait partie intégrante de ce mode de pouvoir. Il est calqué sur celui des organisations totalitaires qui, sans ce mouvement, confrontées à la réalité et à ses limites, collapseraient.

Réalité et limites ne sont pas refusées consciemment, elles ne sont même pas représentées.

Parcours de Madame F.

Madame F. est arrivée dans un service, il y a 3 ans. Après 3 mois, elle note une « organisation changeante. Une procédure de travail en 5 mois a eu 7 versions différentes. « Les dossiers changeaient de place en permanence ainsi que le rôle des assistantes et l'ordre de traitement des dossiers ».

Toutes les propositions d'organisation plus stable ont été considérées comme « **subjectives** donc sans valeur », sic.

Cela démontre que seule la subjectivité de celui qui a le pouvoir devient vérité.

La communication dans le service de Madame F. se fait par mail. « J'avais plus de 340 mails à traiter que je ne pouvais pas déléguer car nous étions en sous-effectifs, car il n'y avait pas eu d'anticipation du nombre de demandes et qu'il y avait de nombreux autres dossiers à traiter en urgence ».

Arrivent alors les critiques. « Vous n'êtes pas bons, vous êtes mauvais, on ne finira jamais dans les temps ».

Elle applique les consignes données puis leur annulation. Puis, cette volte-face imposée est désapprouvée ; car Mme F doit « faire preuve d'expertise ».

On remarque que les critiques dans ces cas sont toujours vagues :

- « ne s'intègre pas au groupe »,
- « manque de réactivité »,
- « n'est pas « proactive »,
- « ne fait pas preuve d'expertise ».

Il lui est indiqué « qu'on ne comprend rien à ce qu'elle fait, qu'elle passe d'une tâche à une autre ». Mais quelques mois après, alors qu'elle a un retard de traitement de dossiers, on lui indique « qu'elle doit passer d'une tâche à une autre, qu'elle a un problème d'organisation ».

Les injonctions contradictoires sont un élément inhérent à ce système où le mensonge est la base et où toutes références à la logique, à la réalité, au bon sens sont nulles et non avenues.

Le problème d'organisation est aussi une « critique leurre ».
Si vous ne réalisez pas l'impossible, c'est que vous vous organisez mal. Personne ne décline jamais la faisabilité des injonctions exercées.

Madame F. s'épuise à se justifier, à faire amende honorable de ses « insuffisances proclamées ».

A aucun moment, bien que parfaitement lucide sur l'analyse de la situation, elle n'envisage de remettre ces injonctions paradoxales en question.

Elle commente alors la **destruction**. « Très vite, s'est installé un sentiment que je faisais mal mon travail, et le doute. Je ne savais plus comment réagir face aux difficultés, je craignais de faire les choses de travers. Je relisais 4 à 5 fois mes mails, comptais mes dossiers traités pour prouver que je travaillais ».

Des travaux qu'elle estimait inutiles lui sont imposés avec comme commentaire « j'aimerais que vous compreniez la logique ».

Elle commente : « je n'ai jamais vraiment compris en quoi mon travail était mal fait, surtout qu'on ne me l'a jamais dit non plus ».

Ordres et contre-ordres se succèdent donc, des tâches lui sont retirées, puis prescrites de nouveau.

Madame F. pleure tout le temps, se paralyse, ne va pas aux déjeuners récréatifs, donc « participe à la mauvaise ambiance dans le service ». On lui dit « qu'on ne sait pas quoi faire d'elle et qu'on va la changer de service ». La destruction avance.

Elle dit lire un livre « pour comprendre et mieux réagir », essayant désespérément de se justifier d'une accusation qui en fait n'existe pas et, là, son sort est scellé. ***Elle a intégré l'accusation comme si elle était fondée et donc se dévalorise.***

Les accusés des procès staliniens ou autres finissaient presque tous par se sentir coupables en réaction aux accusations infondées

Il faut savoir que dans ce cas, ce qui vous est reproché est souvent vague, tombe sous le sens : « Vous n'avez pas agi dans l'intérêt de l'entreprise, du service public, du patient en charge, etc.

Mais sous cet intitulé avec lequel vous ne pouvez qu'être d'accord, il n'est jamais expliqué en quoi ce que vous avez fait est contradictoire. Vous êtes écrasé par l'évidence de l'objectif mais, du coup, ne réagissez pas sur le point de savoir en quoi vous ne l'atteignez pas. Ce qui n'est, bien sûr, jamais décliné.

De toute façon, cela ne servirait à rien puisqu'on vous assène au mois de juin qu'il fait -15°C et que vous devez tous, ou vous seul, enfiler un manteau. Il est inutile alors de sortir de calendrier, **la réalité n'existe plus**.

Madame F. est donc arrêtée depuis plusieurs mois, comme les autres, sur la ligne budgétaire de la sécurité sociale. Elle prend des antidépresseurs, est suivie en consultation spécialisée et également par un psychiatre.

Le bénéfice retiré par le service de cette situation n'apparait pas ici non plus clairement. Madame F. ne pouvant même pas être licenciée, elle reste dans le service en arrêt de travail. Le bénéfice pour la société est également loin d'être une évidence.

En revanche, les dégâts humains, eux, sont considérables.

Nous voyons donc que cette gestion du management a une organisation très spécifique ; organisation réunissant, selon des configurations variables, plusieurs items des organisations totalitaires.

Organisation agie sur ce mode par une ou plusieurs personnes, ou par un système qu'ils incarnent selon des modalités, toujours les mêmes. C'est-à-dire **la perversion** et l'instauration de la **terreur**, ce sans réelle nécessité autre que la **jouissance du pouvoir** dans un **monde virtuel**.

IX- Ceux qui ne voient, ni n'entendent, ni n'agissent

Comme nous l'avons vu, la majorité adhère tacitement à ce système et s'en fait par conséquent complice. Selon Christophe Dejours il y a *désaveu* de la reconnaissance de l'injustice du système et de la souffrance infligée. Ce désaveu devient ainsi, un mode de réaction psychique et d'inaction évitant la culpabilité.

Vous pouvez aussi être victime d'un déni de réalité contaminant les « personnes-ressources » chargées de vous aider.

Car notre système a quand même mis en place des assistances légales dans le cadre de la « bientraitance au travail » : médecins du travail, psychologues, *etc.*

Système pouvant servir d'alibi.

Car il n'y a pas de barrière à la perversion également de ces assistances, lesquelles sont dépendantes aussi des humains qui les gèrent, adhérents eux-mêmes au déni généralisé.

Parcours de Madame G.

Madame G. en arrêt de travail depuis déjà un an mais travaille dans une entreprise publique qui ne peut la licencier facilement. On essaye alors d'envisager ses conditions de reprise.

Après investigation, me sont alors décrites les *solutions miraculeuses* s'offrant à Madame G… à condition qu'elle suive le parcours obligé.

Dans le monde merveilleux de l'entreprise de Madame G. une foule de portes s'ouvrirait à elle… portes qui s'avèrent à l'investigation, tout à fait théoriques.

D'abord, avant de reprendre, il faut qu'elle voie le psychiatre de l'entreprise. Le psychiatre, payé par l'entreprise, bien sûr.

Puis, elle pourrait conserver son poste, mais… a été remplacée, donc serait en doublon et… décrédibilisée par son parcours antérieur.

En revanche, me dit-on, elle peut prétendre à autre poste… Si on la prend, malgré ses antécédents… j'en doute…

Le mi-temps ? Cela gênerait l'entreprise et décrédibiliserait cette salariée ultérieurement pour une mutation aussi hypothétique soit-elle, mais elle y a droit, m'assure-t-on.

Enfin, last but not least, elle devrait voir un psychologue… de l'entreprise également, pour se faire aider.

Aider à quoi ? Puisqu'elle est déjà doublement suivie ? A comprendre plus ou moins qu'elle a mérité son sort et se faire une raison sur l'impasse dans laquelle elle est ?

Tout ceci m'est bien sûr expliqué seulement quand j'essaye de décliner la faisabilité des passages dans les multiples portes théoriques offertes à Madame G.

On voit donc que cette façade bien agencée qui m'est décrite appartient à ce **monde virtuel utopique** mais où le **suivi des procédures remplace l'efficacité réelle** qui est de solutionner le problème posé.

Là aussi, réaliser l'objectif devient secondaire, le principal serait qu'elle réalise le « process » consistant en cet absurde parcours qui ne la mènera à rien, toutes les issues étant condamnées.

CONCLUSION

Les îlots, hélas nombreux et répandus, dans lesquels cette organisation est mise en place, sont des îlots impitoyables de destruction malgré les incantations idylliques.

Le monde des zeks, celui du goulag, était ainsi décrit :

« *C'est une planète enchantée où l'hiver dure douze mois et le reste c'est l'été* ».

Le monde du travail a hérité de multiples avatars de cette planète qui n'a d'enchantée que les slogans communicationnels mais dont l'organisation délétère est, elle, un héritage direct du totalitarisme.

La crise sanitaire avec ses corollaires d'aggravation des problèmes économiques va probablement déplacer les curseurs. L'intensification du télétravail également. Mais les difficultés vont probablement être un alibi supplémentaire pour intensifier les exigences dans le monde virtuel dont les conséquences délétères, elles bien réelles, sur les humains n'en seront que plus destructrices.

Bibliographie

- ARENDT Hannah, *Le système totalitaire dans les origines du totalitarisme*, Ed. Point essai, 2005.

- CHAPOUTOT Johann, *Libres d'obéir,* Ed Essais Gallimard

- DEJOURS Christophe Souffrance en France Ed Seuil

-
- ENRIQUEZ Eugène, *De la horde à l'Etat*. Essai de psychanalyse du lien social, 1983.

- JUNG Chang, *Les cygnes sauvages,* Pocket, 1993.

- KRAVTCHENKO, *J'ai choisi la liberté*, Ed. Self, 1947.

- LANCON Philippe, *Le Lambeau*, Ed Gallimard 2019.

- LOWENTHAL Richard, *Le testament politique de Staline*, Revue Preuves, Avril 1953

- SIRONI Françoise, *Psychopathologie des violences collectives*, Ed. Odile Jacob, 2007.

- SIRONI Françoise, *Bourreaux et Victimes – Psychologie de la torture*, Ed. Odile Jacob, 1999.

- WERTH Nicolas, *Les procès de Moscou*, Ed. Complexe, 2006.

Structures éditoriales du groupe L'Harmattan

L'Harmattan Italie
Via degli Artisti, 15
10124 Torino
harmattan.italia@gmail.com

L'Harmattan Hongrie
Kossuth l. u. 14-16.
1053 Budapest
harmattan@harmattan.hu

L'Harmattan Sénégal
10 VDN en face Mermoz
BP 45034 Dakar-Fann
senharmattan@gmail.com

L'Harmattan Cameroun
TSINGA/FECAFOOT
BP 11486 Yaoundé
inkoukam@gmail.com

L'Harmattan Burkina Faso
Achille Somé – tengnule@hotmail.fr

L'Harmattan Guinée
Almamya, rue KA 028 OKB Agency
BP 3470 Conakry
harmattanguinee@yahoo.fr

L'Harmattan RDC
185, avenue Nyangwe
Commune de Lingwala – Kinshasa
matangilamusadila@yahoo.fr

L'Harmattan Congo
67, boulevard Denis-Sassou-N'Guesso
BP 2874 Brazzaville
harmattan.congo@yahoo.fr

L'Harmattan Mali
ACI 2000 - Immeuble Mgr Jean Marie Cisse
Bureau 10
BP 145 Bamako-Mali
mali@harmattan.fr

L'Harmattan Togo
Djidjole – Lomé
Maison Amela
face EPP BATOME
ddamela@aol.com

L'Harmattan Côte d'Ivoire
Résidence Karl – Cité des Arts
Abidjan-Cocody
03 BP 1588 Abidjan
espace_harmattan.ci@hotmail.fr

Nos librairies en France

Librairie internationale
16, rue des Écoles
75005 Paris
librairie.internationale@harmattan.fr
01 40 46 79 11
www.librairieharmattan.com

Librairie des savoirs
21, rue des Écoles
75005 Paris
librairie.sh@harmattan.fr
01 46 34 13 71
www.librairieharmattansh.com

Librairie Le Lucernaire
53, rue Notre-Dame-des-Champs
75006 Paris
librairie@lucernaire.fr
01 42 22 67 13